Regional. Saisonal. Original.

100 AUSGEZEICHNETE GASTHÄUSER IN BAYERN

Volk Verlag München

Regional. Saisonal. Original.
unter der Schirmherrschaft von:

Helmut Brunner
Bayerischer Staatsminister für Ernährung,
Landwirtschaft und Forsten

Urlich Brandl
Präsident des Bayerischen Hotel- und Gaststättenverbands
DEHOGA Bayern e.V.

Die Deutsche Bibliothek verzeichnet diese Publikation in der
Deutschen Nationalbibliographie; detaillierte bibliographische Daten
sind im Internet über http://dnb.ddb.de abrufbar.

© 2015 by Volk Verlag München
Streitfeldstraße 19, 81673 München
Tel. 089/420 79 69 80, Fax 089/420 79 69 86

Druck: Phoenix Print, Würzburg

ISBN 978-3-86222-172-1
www.volkverlag.de

Inhalt

Vorwort

Die „Ausgezeichnete Bayerische Küche" ist ein Qualitätssiegel für echte bayerische Spitzengastronomie. „Regional. Saisonal. Original." – das ist nicht nur das Konzept des Siegels, so lautet auch das Motto der ausgezeichneten Wirte.

Alle sind mit Leib und Seele Gastgeber, denen es wichtig ist, mit heimischen landwirtschaftlichen Qualitätsprodukten zu arbeiten. Sie nutzen die kulinarischen Höhepunkte jeder Jahreszeit gezielt aus und pflegen eine enge Zusammenarbeit mit den Landwirten und Herstellern aus der Region. Sie wollen die reiche Kochkunst der regionalen Küche in ihrer Vielfalt erlebbar machen. Kurzum: Sie setzen auf alles, was unsere bayerische Heimat kulinarisch auszeichnet und leisten mit nachhaltigem, ökologischem Wirtschaften auch einen Beitrag zur Förderung und zum Erhalt der Natur- und Kulturlandschaften.

Der offizielle Startschuss der „Ausgezeichneten Bayerischen Küche" fiel im Sommer 2013. Das Qualitätssiegel mit frischem Erscheinungsbild erlaubt nun die viel gewünschte fortlaufende Klassifizierung aller teilnehmenden Betriebe ohne zeitliche Gebundenheit und wird in Form von klassisch-bayerischen Rauten verliehen – passend zur regionalen Ausrichtung. Auch der Zusammenschluss von Wirt und regionalem Produzenten soll gefordert und gefördert werden.

Das Siegel „Ausgezeichnete Bayerische Küche" wird auf freiwillige Initiative der Gastwirte vergeben, ist aber nicht kostenfrei. Das beeinflusst positiv die Anmeldung aufrichtig interessierter Gastronomen, die mit absolutem Engagement hinter dem Konzept „Regional. Saisonal. Original." stehen und sich um eine Klassifizierung bemühen. Unabhängige Tester kontrollieren die Betriebe und können sich dabei auf die klaren Richtlinien eines festen Bewertungskatalogs berufen. Vier Kategorien entscheiden in folgender Gewichtung über den Erfolg:

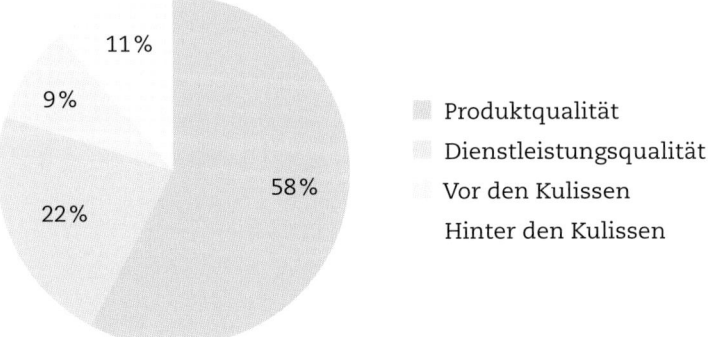

11 %

9 %

58 %

22 %

Produktqualität

Dienstleistungsqualität

Vor den Kulissen

Hinter den Kulissen

- Produktqualität: Herkunft und Qualität der Waren; Vielfalt, Innovation und Kreativität des Angebots; möglichst regionaltypische, gesunde und abwechslungsreiche Gerichte; Geschmack
- Dienstleistungsqualität: Gestaltung der Speisekarten; zuvorkommender Umgang mit den Gästen; Fachkenntnisse des Personals
- „Vor den Kulissen" – Räumlichkeiten: Gestaltung der Gasträume; Sauberkeit
- „Hinter den Kulissen" – Management: Hygiene, Organisation und Abfallwirtschaft in Küche und Lagerräumen; Sauberkeit der Sanitärräume

Bis zu drei bayerische Rauten bezeugen schließlich die erfolgreiche Bewertung und Verleihung des Siegels „Ausgezeichnete Bayerische Küche". Schon die erste Raute steht dabei für außergewöhnliche Kochkunst und Gastgeberschaft. Drei Jahre behält das Siegel seine Gültigkeit, muss also regelmäßig zur Garantie gleichbleibend hoher Qualität erneuert werden.

Seit der Einführung der „Ausgezeichneten Bayerischen Küche" haben bereits über 300 Gastronomen ihre Bewerbungen eingereicht. Die ersten 100 ausgezeichneten Betriebe sind in diesem Buch mit einem Porträt vereint. Mit einem Blick kann die Anzahl der verliehenen Rauten sowie die Lage des prämierten Gasthauses in Bayern erfasst werden. Piktogramme weisen auf die Besonderheiten des Betriebes hin:

Hauseigene Brauerei

Hofladen: Verkauf selbst hergestellter Produkte

Wellnessangebot

Hauseigene Metzgerei

Biergarten, Sonnenterrasse, Freischankfläche

Übernachtungsmöglichkeiten

Heimische Kochkultur und Kochtradition prägen das Bild einer jeden Region. Auch in unserem schönen Freistaat sind sie ebenso entscheidend für das Heimatgefühl in Altbayern, Franken und bayerisch Schwaben wie für das authentische Erleben von Land und Leuten bei allen Besuchern Bayerns. Beste Qualität, Nachhaltigkeit und das klare Bekenntnis zum bayerischen Genuss mit allen Sinnen – für all das stehen die mit dem Qualitätssiegel „Ausgezeichnete Bayerische Küche" prämierten Gasthäuser.

Grußwort
Helmut Brunner

Bayerischer Staatsminister
für Ernährung, Landwirtschaft und Forsten

Die Bayerische Küche ist weit über die Grenzen Bayerns hinaus bekannt und beliebt. Sie prägt mit ihren klassischen Spezialitäten gerade im Ausland häufig das Bild der gesamten deutschen Küche. Eine ihrer vielen Besonderheiten ist, dass sie sehr eng mit der bayerischen Lebensart, mit den Festen, den Alltagsgewohnheiten sowie den typischen Produkten unserer Regionen und deren herrlichen Kulturlandschaften verknüpft ist. Die emotionalen Bilder Bayerns, die Einheimische wie Touristen haben, sind untrennbar mit unserer Genusskultur verbunden. Z.B. der sommerliche Biergartenbesuch unter ausladenden Kastanienbäumen, die deftige Brotzeit nach einer ausgiebigen Bergtour oder das kühle Glas Silvaner in den sonnigen Weinregionen Frankens – dies und noch viel mehr verbindet das Landschaftserlebnis und den kulinarischen Genuss ideal.

„Regional. Saisonal. Original." Dieses Motto haben wir zum Leitspruch unseres Gemeinschaftsprojekts mit dem Bayerischen Hotel- und Gaststättenverband gemacht. Als bayerischer Landwirtschafts-und Ernährungsminister meine ich: Echte regionale Küche braucht regionale Zutaten! Gerade in Zeiten der Internationalisierung und Globalisierung suchen die Menschen verstärkt nach dem Echten, dem Ursprünglichen und nach Wurzeln. Ein Stück davon und von der Vielfalt unserer wunderbaren Heimat können unsere bayerischen Wirtinnen und Wirte den Gästen vermitteln. Gemeinsam mit den Lebensmittelerzeugern können sie zum Schaufenster unserer Regionen werden.

Dass unsere bayerischen Wirte dabei weit über die allseits bekannten Klassiker hinausgehen und mit hoher Innovationsfreude und viel Herzblut neuen Schwung in bayerische Kochtöpfe bringen, freut mich ganz besonders und war uns ein wichtiges Anliegen bei der Konzeption der Klassifizierung „Ausgezeichnete Bayerische Küche".

Bereits 100 Gastwirte haben sich den strengen Kriterien und prüfenden Blicken des Bewertungsteams gestellt und dabei bewiesen, dass ihnen die regionaltypische Küchenkultur am Herzen liegt und sie auf höchste Qualität sowie heimische Produkte setzen. Ich gratuliere den ausgezeichneten Wirten herzlich und wünsche Ihnen weiterhin viel Erfolg bei ihrem Engagement für eine regionaltypische Küche.

Ich danke dem Bayerischen Hotel- und Gaststättenverband für die hervorragende Zusammenarbeit, die nicht zuletzt durch die vorliegende Publikation bestätigt wird. Sie soll Ihnen Inspiration und Orientierung auf der Suche nach der „Ausgezeichneten Bayerischen Küche" in allen Regionen Bayerns bieten.

Helmut Brunner

Grußwort
Ulrich Brandl

Präsident Bayerischer Hotel- und Gaststättenverband
DEHOGA Bayern e.V.

Als Präsident des Bayerischen Hotel- und Gaststättenverbandes bin ich der Idee der „Ausgezeichneten Bayerischen Küche" sehr verbunden. Die Rückbesinnung auf eine gesunde Ernährung durch die Verwendung regionaler und saisonaler Zutaten sowie die Stärkung der Zusammenarbeit von erzeugenden Land- und veredelnden Gastwirten unterliegt der neuen Auszeichnung. Zudem soll damit der weltweit exzellente Ruf der bayerischen Küche noch besser genutzt und erfolgreich präsentiert werden.

In enger Zusammenarbeit mit dem Staatsministerium für Ernährung, Landwirtschaft und Forsten, dem ich an dieser Stelle für die hervorragende Kooperation ausdrücklich danke, wurden repräsentative Kriterien zusammengestellt, nach denen die Betriebe von neutraler Stelle geprüft werden. Produktherkunft und -qualität stehen dabei besonders im Fokus, aber auch Dienstleistungsqualität, Sauberkeit und Organisation werden genauestens unter die Lupe genommen. Eine hohe Mindestpunktzahl muss erreicht werden, um überhaupt ausgezeichnet zu werden, daher kommt es nicht primär darauf an, wie viele Rauten der jeweilige Betrieb errungen hat. Die Auszeichnung überhaupt zu erhalten, ist bereits ein Zeichen hervorragender Qualität. Unsere Rautenträger bieten ihren Gästen wunderbare moderne Interpretationen bayerischer Gasthaus- und Küchenkultur, die allesamt mehr als einen Besuch wert sind.

Es freut mich ausgesprochen, dass vor einiger Zeit die magische Grenze von 100 ausgezeichneten Betrieben geknackt wurde. Dieser besondere Anlass war auch ausschlaggebend für die Publikation dieses Buches: Das Qualitätssiegel dient nicht nur den Gastronomen als Anerkennung ihrer Leistungen, sondern soll auch Ihnen, den Gästen, eine Orientierung und Hilfe sein. Nicht nur derjenige, der bereits heute einen Restaurantführer sein Eigen nennt, sollte diesen um das vorliegende Buch ergänzen, sondern die literarische Verarbeitung der „Ausgezeichneten Bayerischen Küche" sollte das Einstiegs- und Standardwerk für Genießer heimischer Spezialitäten sein.

Es tut gut, sich heute wieder auf gute und gesunde Ernährung besinnen. Das setzt aber hochwertige, regionale und vor allem auch saisonale Rohstoffe voraus. Die Natur gibt von sich aus einen idealen und ausgewogenen Speiseplan vor. Wenn die saisonalen Zutaten dann auch noch aus der Region stammen, profitiert nicht nur der Geschmack, die ganze Gegend wird dadurch gestärkt. Der Gedanke, die regionale Zusammenarbeit von Gastronomen, Landwirten und örtlichen Herstellern zu fördern und zu intensivieren, liegt mir sehr am Herzen. Zur Unterstützung der regionalen Vernetzung sind zahlreiche Aktivitäten geplant. Zusätzliches Ziel ist es, das System kontinuierlich weiterzuentwickeln, um sowohl Verbrauchern als auch Gastronomen die besten Voraussetzungen einer erfolgreichen Präsentation bzw. Orientierung zu bieten.

Die Kochtradition und Kochkunst der bayerischen Regionen steht bei der „Ausgezeichneten Bayerischen Küche" im Mittelpunkt, die Erzeugnisse der heimischen Landwirte, Brauer und Winzer spielen die Hauptrolle. Genauso wichtig ist aber auch die Leidenschaft der Wirte, die ihr Haus mit hohem Engagement und freundlichen, versierten Mitarbeitern führen. Kehren Sie also ein in die ausgezeichneten Gasthäuser und kommen Sie selbst in den Genuss ausgezeichneter bayerischer Gastlichkeit!

Oberbayern

92
88
90
84
86
82
80
40
38
60,
42
58
64-76
56
78
44, 46
54
52
50
48
28
22
36
30
26 24
20
34
16, 18
32

Rehlegg

Am Fuße des Watzmann, des zentralen Gebirgsstocks der Berchtesgadener Alpen, liegt das Best Western Plus Berg- und Wanderhotel Rehlegg. Ende der 30er Jahre hatte das fantastische Bergpanorama einige Auftritte in Heimatfilmen und auch heute noch ist die imposante Aussicht ein regelrechter Augenöffner. Zu den Anfangszeiten der noch jungen Pension mit Café musste jede Flasche Bier zur Bewirtung der Gäste einzeln aus dem Keller hoch geschafft werden. Seither hat sich viel getan: Ab 1919 im Besitz der Familie, haben die Lichtmanneggers den ehemaligen Bauernhof in Ramsau zu einem beliebten Hotel mit hervorragendem Restaurant ausgebaut. Nachhaltig, regional und naturverbunden wird hier gewirtschaftet, und das mittlerweile schon in der dritten Generation.

Das Lichtmannegger's bietet Küche auf höchstem Niveau. Traditionell Bayerisches, Regionales aus dem Berchtesgadener Land und auch leichte Gerichte werden von den Küchenmeistern modern interpretiert. Die Verwendung heimischer Zutaten, allen voran Fleisch und Fisch aus nachhaltiger, artgerechter Aufzucht, ist dabei Ehrensache. Aus der Metzgerei Heilmaier kommt das

Fleisch für das Hüftsteak vom Pinzgauer Rind an Starkbiersoße, der Biohof Kettenberg liefert die Hauptzutat für die Perlhuhnbrust an Birnen und Pilzen und das Lammfleisch kommt direkt aus Ramsau von der Familie Aschauer vom Wimbachlehen. Seit Kurzem züchtet auch Joahnnes Lichtmannegger selbst eine neue Schweinerasse in Bio-Freilandhaltung, die sogenannten Lehen-Schweine.

Die Gasträume des Lichtmannegger's stehen für stilvollen Genuss. Ob im Hauptrestaurant mit eindrucksvoller Galerie oder in der „Guten Stube" mit holzvertäfelten Wänden und urigem Kachelofen – ein passender Platz findet sich schnell. Etwas ganz Besonderes ist das „Esszimmer für Zwei", bei dem der Name Programm ist: Nur zwei Personen passen in den kleinen, elegant eingerichteten Raum – perfekt für ein romantisches Dinner.

KONTAKT

Best Western Plus Berghotel Rehlegg
www.rehlegg.de
Gastgeber: Johannes u.
Franz Lichtmannegger
Holzengasse 16
83486 Ramsau
Telefon: 08657-98840

ENTSPANNUNG PUR: BERG-
PANORAMA-HALLENBAD
UND „ALMWIES'N-SPA" MIT
EIGENER NATURPRODUKTLINIE.

Seeklause

Eingebettet in den Alpennationalpark nahe Berchtesgaden, zwischen Zauberwald und Klausbachtal, liegt das Gasthaus Seeklause mit Pension. Wanderer finden hier am Fuße des Hochkaltermassivs einen idealen Ausgangspunkt für so manche Tour und der idyllische Hintersee bietet Ausflüglern auf der großzügigen Sonnenterrasse ein nicht minder schönes Panorama.

Seit 2012 ist der Familienbetrieb von Connie und Sepp Ehegartner Mitglied im Verband „Alpen-Kulinarik": Die kulturelle Tradition der Region soll hier vor allem über die Kochkunst erhalten werden und am Gaumen wiederaufleben. Konsequenterweise werden in der Küche der Seeklause nur heimisch und transparent erzeugte Produkte aus dem Alpenraum verwendet. Die Fische werden im Chiemsee gefangen, das Schweinefleisch stammt aus artgerechter Haltung und Eigenschlachtung der Landmetzgerei vor Ort, das Wild kommt aus dem nahen Nationalpark und sogar das Eis fürs Dessert wird in kleiner Produktion vom Stöcklhof-Bauern in Hochschwarzeck erzeugt. Anstatt auf künstliche Geschmacksverstärker setzt man in der Seeklause darauf, den feinen Geschmack der Gerichte nur durch die natür-

AUSGEZEICHNETE
BAYERISCHE
KÜCHE

lichen Aromen frischer Kräuter und Gewürze zu unterstützten. Die Tages- und Saisonkarte bietet schließlich Gaumenfreuden, die das bayerische Herz erfreuen, wie hausgemachtes Griebenschmalz auf Ramsauer Bio-Holzofenbrot, „Omas Rinderroulade" mit Erdäpfelstampf und Blaukraut oder Riesen-Germknödel mit Powidlfüllung, d.h. Zwetschgenmus, Mohnzucker und Butter auf Vanillesoße.

Die lichtdurchflutete Wirtsstube setzt mit viel Holz auf uriges Flair und bietet ebenso wie die zehn gemütlichen Pensionszimmer einen herrlichen Blick auf die Berge. Mit einem Glas Bio-Wein aus Franken oder einem süffigen Bier der Privatbrauerei Wieninger lässt sich ein Abend auf der Terrasse am Seeufer wunderbar beschließen. Und wer einmal selbst sein Glück beim Forellenfischen versuchen will, kann sich vor Ort eine Fischereikarte besorgen.

KONTAKT
Gasthaus-Pension Seeklause
www.hintersee-gasthaus-seeklause.de
Gastgeber: Josef Ehegartner
Am See 65
83486 Ramsau
Telefon: 08657-919938

SonnenAlm

I gangat gern auf d'Kampenwand, wenn i mit meiner Wamp'n kannt. Ja, den auf über 1.600 Metern Höhe gelegenen Gipfel der Kampenwand zu erklimmen, kann anstrengend sein. Gut, dass es eine Seilbahn gibt, mit der man von der Talstation in Aschau aus starten und in etwa 15 Minuten hochfahren kann. Nur gute hundert Meter von der Bergstation entfernt liegt die SonnenAlm und heißt Wanderer, Bergsteiger und auch jeden gemütlichen Seilbahnnutzer bei einer Einkehr willkommen.

Frische Schmankerl und wechselnde Tagesgerichte werden ganzjährig während der Betriebszeiten der Kampenwandbahn serviert. Hüttenklassiker wie das bayerische „Brotzeitbrettl", Kaiserschmarrn oder Germknödel dürfen natürlich nicht fehlen. Die Brotzeiten kann man sich dabei selbst zusammenstellen: Öko-Natursauerteigbrot, Butter, Radieserl und Gurke sind immer dabei, je nach Gusto kann man sein Brett mit Pfefferbeißern, Bio-Almbauernkäse, Griebenschmalz und vielem mehr ergänzen. Regelmäßig findet der beliebte „Berg-Brunch" statt – meist unter einem bestimmten Motto wie „Südseeträume" oder „Sisi und der wilde Kaiser". Das Team der Alm arbeitet mit Engagement und

Oberbayern
Aschau im Chiemgau

Herzblut an der Zubereitung der Speisen, gewürzt wird mit Kräutern aus dem eigenen Küchengarten. Natürlichkeit und Qualität stehen im Mittelpunkt, Lieferanten werden sorgfältig ausgewählt.

Die beiden rustikal und doch modern eingerichteten Gaststuben schaffen eine angenehme Atmosphäre, die windgeschützte Terrasse stiehlt ihnen aber meist die Show: Der Blick von der Kampenwand ins Chiemgauer Land ist schlicht atemberaubend. Im Osten erhebt sich der Watzmann, im Süden der Großglockner und schaut man nach Norden, glitzert unten der Chiemsee. Etwas Besonderes ist ein Besuch auf der SonnenAlm auch im Winter, wenn man es sich mit einer dampfenden Tasse Tee der Chiemgauer Teemanufaktur in einem der Liegestühle bequem machen kann. Für Übernachtungsgäste stehen einige Zwei- oder Mehrbettzimmer bereit.

KONTAKT
SonnenAlm
SG Seilbahn- und Gaststätten GmbH
www.kampenwand.de
Gastgeber: Kiki Zbil u.
Katherine Irvine
An der Bergbahn 8
83229 Aschau im Chiemgau
Telefon: 08052-4411

VON AUGUST BIS ANFANG OKTOBER GIBT ES SAFTIGEN ZWETSCHGENDATSCHI UND SCHWAMMERLSPEZIALITÄTEN.

Zum Fischer am See

Weltenbummler Manfred Beer wusste schon früh, was seine Zukunft für ihn bereithielt: Koch wollte der gebürtige Regensburger werden. Bevor er jedoch in Prien am Chiemsee mit seinem Fischer am See sesshaft wurde, umrundete er gleich zwei Mal die Welt: Als Küchenchef auf dem Passagierschiff „Rotterdam" lernte er die Vielfalt der jeweils landestypischen Gewürze und Zubereitungsarten kennen und sammelte als Liebhaber von Fischgerichten die besten Rezepte von Südamerika bis in die Karibik.

„Für den Gast nur das Beste und keine Kompromisse bei der Qualität": Beers Motto wird täglich im Fischer am See von ihm höchstpersönlich umgesetzt. „Omas Blutwurst", Nudeln oder Fischsulz – alles, was seine Küche verlässt, ist selbstverständlich hausgemacht. Berühmt ist das Restaurant mit Hotel und Café für seine Fischgerichte. Renken, Schleien, Rutten, Zander oder Schratzen kommen fangfrisch direkt aus dem Chiemsee und auch außerhalb des Wassers wird auf Produkte mit regionaler Herkunft Wert gelegt. Das Haus verfügt dazu über eine eigene Räucherkammer.

Oberbayern
Prien am Chiemsee

Im Fischer am See schlemmt der Gast im Rhythmus der Jahreszeiten. Der April läutet die Spargelsaison ein, im Juli wird mit den ersten Pfifferlingen gekocht, mit altbayerischen Spezialitäten lässt sich der Herbst wunderbar einläuten und das exklusive „Dinner for Two", ein Sechs-Gänge-Überraschungsmenü bei Kerzenschein, sorgt im Dezember für winterliche Genussmomente.

Von der großen Sonnenterrasse am Westufer des Chiemsees aus bietet sich ein einzigartiger Blick über den Irschener Winkel und die imposante Bergkette der Chiemgauer Alpen. Fahrräder, Ruder- und Tretboote können direkt im Fischer am See gemietet werden, das Segelboot legt einfach im hauseigenen Bootshafen an. 2006 komplett renoviert, stehen dem Übernachtungsgast im Drei-Sterne-Hotel dreißig Betten zur Verfügung.

KONTAKT
Hotel Restaurant Café
Zum Fischer am See
www.fischeramsee.de
Gastgeber: Familie Beer
Harrasser Straße 145
83209 Prien am Chiemsee
Telefon: 08051-90760

01.11. BIS 15.11.: ORIGINALGE-
TREU ZUBEREITETE BÖHMISCHE
SCHMANKERL UND EDELBRÄNDE
VERWÖHNEN DIE GÄSTE.

Entenwirt

Beim Entenwirt am Samerberg dreht sich alles um das schmackhafte Federvieh, das jeden Mittag und Abend frisch aus dem patentierten Entenofen auf den Tisch kommt. Enten haben dem Wirtshaus seinen Namen gegeben, Enten sind der kulinarische Dreh- und Angelpunkt der Küche und auf Enten – dekorative Exemplare aus Keramik – stößt man auch in den gemütlichen Gaststuben. 2014 konnten Gastgeber Peter Schrödl und sein Team bereits das 25-jährige Jubiläum ihres beliebten Hauses feiern.

Die Tiere, echte bayerische Kronen-Enten, kommen ausschließlich von Gut Niederaltenburg im Mangfalltal. Artgerechte Aufzucht in Freilandhaltung ist hier selbstverständlich, auf Impfungen und sonstige Medikamente wird vollständig verzichtet. Gras-, Hafer- und Getreidefutter sowie ein geschlossener Kreislauf, bei dem vom Ei bis zur frischen, verkaufsfertigen Ente alles in einer Hand liegt, garantieren höchste Qualität. Ein Klassiker der Entenwirtküche ist die „Viertel-Ente" mit geheimer Gewürz-Apfelmischung, die vom Chef persönlich direkt am Tisch tranchiert wird. Dazu gibt es, ebenso klas-

Oberbayern
Samerberg-Törwang

sisch, Knödel und Blaukraut. Die „leichte Ente" wird knusprig gebraten an frischem Gemüse serviert. Zu den Spezialitäten zählen auch die gebratene Entenleber in Zweigeltsoße oder die in Butter geschwenkten Schupfnudeln mit Kraut und feinem Entenfleisch. Dazu schmeckt am besten das eigens für den Entenwirt kreierte dunkle Entenbier vom Fass. Und wer die Spezialitäten des Entenwirts auch zu Hause genießen will, kann hausgemachte Sülze, Schmalz oder Leberwurst im Glas direkt vor Ort im Gasthaus erwerben.

Höhepunkt des Jahres ist in Törwang das alljährlich im August stattfindende Auto-Ententreffen. Die legendären Citroën 2CV kommen in Scharen und ihre stolzen Fahrer drehen erst eine Runde um den Samerberg, bevor Peter Schrödl das erste Fass Bier für das große Fest im Gasthaus anzapft.

KONTAKT
Entenwirt
www.entenwirt.de
Gastgeber: Familie Schrödl
Samerstraße 5
83122 Samerberg-Törwang
Telefon: 08032-8815

FEIERN MIT DEM ENTENWIRT: DER BAYERISCHE CATERING-SERVICE FÜR FESTE UND VERANSTALTUNGEN.

Brückenwirt

Der gut ausgebaute Mangfall-Radweg startet in München und hat man die Ausläufer der bayerischen Hauptstadt erst einmal hinter sich gelassen, geht's ab Feldkirchen-Westerham auf ebenen Wegen am Fluss entlang. Ziel der schönen Strecke ist Rosenheim, wo die Mangfall in den Inn mündet. Den obligatorischen Einkehrschwung machen dabei Radprofis wie Ausflügler kurz vor der Zielfahne beim Brückenwirt in Kolbermoor.

Das zünftige Weißwurstessen am Freitagvormittag ist schon lange kein Geheimtipp mehr. Nur das erste Paar Würste wird gezählt – ist der Hunger größer, dann folgen so viele der bayerischen Spezialitäten, wie man möchte bzw. der Magen verträgt. Alle im Brückenwirt verarbeiteten und angebotenen Fleisch- und Wurstspezialitäten kommen von der Metzgerei Hilger in direkter Nachbarschaft zum Wirtshaus. Auch sonst werden regionale Anbieter unterstützt, von der Bäckerei im Ort bis zum Bier aus der Rosenheimer Brauerei Auer.

Familie Werner bewirtet ihre Gäste gutbürgerlich. Küchenchef Manfred Werner beherrscht die Klaviatur der regionalen Klassiker von der Rinderkraftbrühe über hausgemachte Fleisch-

Oberbayern
Kolbermoor

pflanzerl mit Kartoffelsalat bis zum Marillenknödel. Etwas Besonderes ist der „Power Burger", der nach einem Rezept von Heinz Ollesch zubereitet wird. Kraftpaket Ollesch ist mehrfacher Träger des Titels „Strongest Man of Germany" und die von ihm kreierte, standesgemäße „heiße Brotzeit" mit bestem Fleisch, Chili, Paprika und Zwiebeln schmeckt auch wunderbar, wenn man es seinem Erfinder nicht gleich tun und ein ganzes Flugzeug ziehen kann.

Die Biergartensaison wird im großen Kastaniengarten des Brückenwirts mit verschiedenen Grillspezialitäten eingeläutet. Im gemütlich-rustikalen Ambiente des Wirtshauses finden über das Jahr hinweg verschiedenste Feste in bester bayerischer Tradition statt: In der Fastenzeit fließt das Starkbier, Gänse werden an Martini, dem 11. November, gegessen und regelmäßig wird zum Schafkopfturnier geladen.

KONTAKT
Gaststätte Brückenwirt
www.brueckenwirt-kolbermoor.de
Gastgeber: Manfred Werner
Brückenstraße 2a
83059 Kolbermoor
Telefon: 08031-9080172

Maxlrain

Im Jahr 1992 wurde klar, was der Maxlrainer Schlossbrauerei fehlte – eine Wirtschaft, in der die vielen Besucher der Brauerei das herrliche Bier direkt vor Ort verkosten konnten. Doch die dafür vorgesehenen Räumlichkeiten waren schon besetzt: Gewölbe und Garten gehörten den Tieren der Kinder von Schloss- und Brauereibesitzer Prinz von Lobkowicz. Erst nachdem Pferd und Esel ihre gewohnte Umgebung zwei Jahre später freigaben, begann die Erfolgsgeschichte des Maxlrainer Bräustüberls. Nach einer Komplettrenovierung im Jahr 2011 begrüßt heute die junge Wirtsfamilie Geiger ihre Gäste in bayerisch-geselliger Runde.

Im beeindruckenden böhmischen Gewölbe tafelt man bodenständig-deftig. Geräuchertes Wammerl vom Rost, Tellerfleisch vom bayerischen Weiderind oder Schweinswürstel auf Sauerkraut lassen das Herz eines jeden Fleischliebhabers höher schlagen. Vegetarier freuen sich über Rahmschwammerl oder den hausgemachten „Reiberdatschi im Pfandl". Für die Zutaten gilt: Vom Fleisch bis zum Wein kommt alles aus Bayern. Und auch die Musik ist echt regional. Jeden Mittwochabend wird bayerisch aufgespielt – vom Löffelklatscher bis zur Blaskapelle.

AUSGEZEICHNETE
BAYERISCHE
KÜCHE

Die angebotenen kalten Brotzeiten schmecken hier im größten Biergarten des Landkreises Rosenheim mit Blick auf den Wendelstein am besten. Es gilt Selbstbedienung und natürlich darf – wie es in bayerischen Biergärten alte Sitte ist – die Verpflegung auch selbst mitgebracht werden. Das kühle Bier dazu liefert selbstverständlich die Maxlrainer Schlossbrauerei. 1636 erstmals urkundlich erwähnt, ist sie bis heute eine Heimatbrauerei, privat und unabhängig geführt, und wurde 2012 zu „Deutschlands Brauerei des Jahres" gekürt. Die aktuell 15 Sorten werden mit frischem Quellwasser aus dem Mangfalltal gebraut. Vom Fass kommen das süffige Helle, das naturtrübe Zwickl und das malzige Aiblanger Schwarzbier. Zu den saisonalen Spezialitäten aus dem Sudkessel gehört z.B. der Jubilator, ein Starkbier mit hoher Stammwürze, das nur von Aschermittwoch bis April ausgeschenkt wird.

KONTAKT
Bräustüberl Maxlrain
www.maxlrainer-braeustueberl.de
Gastgeber: Geiger u. Senger
Stachöderweg 2
83104 Maxlrain-Tuntenhausen
Telefon: 08061-92422

KINDER KÖNNEN SICH AUF DEM GROSSEN ABENTEUER-SPIELPLATZ AUSTOBEN.

Hofherr

Das heutige Posthotel Hofherr war einst Posthalterei und Tafern-Wirtschaft, es kann auf rund vierhundert Jahre Geschichte zurückblicken. Seit vielen Generationen ist das stattliche Gasthaus im Besitz der Familie Hofherr, die sich dieser Tradition mit Leib und Seele verpflichtet fühlt. Auch die dazugehörige Metzgerei wird als Familienbetrieb geführt. Bis heute zeichnet sich der Gasthof durch die einladende behagliche Atmosphäre aus, in der schon die ehemalige Postkutschenstation die Reisenden früherer Zeiten aufgenommen hat. Bei Gästen aus Nah und Fern ist der Postgasthof eine beliebte Einkehr, nicht zuletzt, weil hier Qualität und Preis stimmen.

Die Verbundenheit mit traditioneller und gutbürgerlicher Gastlichkeit hat Hans Hofherr und seine Frau freilich nicht daran gehindert, ihr Haus in jüngster Vergangenheit zu einem modernen Tagungs- und Wellnesshotel auszubauen. Seiner Lage im malerischen Königsdorf im bayerischen Voralpenland verdankt das Posthotel seit jeher seine Beliebtheit bei Sommerfrischlern, Kurzurlaubern und Ausflüglern. Auch ist es eine begehrte Location zum Heiraten, denn hier kann die ganze Hochzeitsgesell-

AUSGEZEICHNETE
BAYERISCHE
KÜCHE

schaft nicht nur feiern, sondern auch gleich bequem übernachten. Und spätestens seit dem Umbau bietet sich das Hotel auch für Tagungen oder als komfortables „Basislager" für Bergwanderer, Golfspieler und Skifahrer an.

In der Küche setzt man beim Hofherr ebenfalls auf Qualität und Tradition: Die Speise- und Getränkekarte ist ein Spiegelbild der Region und bildet ein echtes Stück Oberbayern ab. Es gibt vorzügliche bayerische Gerichte und bekannte, lang geliebte Hausmannskost. Regionale Spezialitäten werden liebevoll zubereitet und zuweilen auch modern interpretiert. Alle Lieferanten verbindet dabei das Bewusstsein für Qualität, Frische und Nachhaltigkeit. „Radius 30" haben die Wirtsleute ihr Konzept getauft: Lebensmittel und Handwerker des gesamten Betriebs kommen bis auf wenige Ausnahmen aus einem Umkreis von dreißig Kilometern.

KONTAKT
Posthotel Hofherr
www.posthotel-hofherr.de
Gastgeber: Hans u. Lydia Hofherr
Hauptstraße 31
82549 Königsdorf
Telefon: 08179-5090

Kreut-Alm

Die Kreut-Alm liegt an einem der wohl schönsten Flecken Oberbayerns, mitten im Loisachtal im Werdenfelser Land. Wer sich im Schatten der beiden mächtigen Linden im Biergarten niederlässt, dem bietet sich ein grandioses Panorama: Vom Kochelsee im Tal schweift der Blick zu den Gipfeln der nahen Berge, Wiesen und Wälder umrahmen den Hof. Die Schmankerl aus der Küche schmecken unter weiß-blauem Himmel auch besonders gut. Gemütlich tafeln lässt sich aber auch in den klassisch eingerichteten Stuben, umgeben von viel Holz und dem ein oder anderen dekorativen Erinnerungsstück an viele erfolgreiche Jahre, schließlich betreibt die Familie Mayr ihren Berggasthof schon in der vierten Generation.

Die Speisekarte orientiert sich an der Philosophie der Wirtsleute: „Bayerisch, bodenständig, regional und saisonal." Von der Rinderkraftbrühe mit frischen Leberspätzle bis zu den hausgemachten Dampfnudeln in Vanillesoße kommt Traditionelles und Herzhaftes auf den Tisch, gartenfrische Salate runden das Angebot ab. Saisonale Gerichte findet man auf der wöchentlich wechselnden Tageskarte. Den großen Wert, der

AUSGEZEICHNETE
BAYERISCHE
KÜCHE

in der Küche auf den regionalen Ursprung der Produkte gelegt wird, erkennt man an den Spezialitäten der Kreut-Alm: Fangfrische Forellen, Kochelsee-Renken und Wild aus den nahen Wäldern des Landgestüts Schwaiganger locken nicht nur Ausflügler sondern auch Genießer auf den Berggasthof.

Sie alle waren schon da: Gerhard Polt, Ottfried Fischer, Günter Grünwald, Christoph Springer, Helmut Schleich, Luise Kinseher, die CubaBoarischen u.v.m. – und zwar in der Tenne der Kreut-Alm. Auf dem ehemaligen Heuboden des Berggasthofs wird zünftig aufgespielt, gefeiert und getanzt, und ist die Bühne einmal frei, geben sich die Größen der bayerischen und deutschen Kabarettszene die Klinke in die Hand. Als Spielort von „Brotzeit & Spiele" macht man hier dem Motto der Veranstaltungsreihe alle Ehre: „Brot für den Bauch, Zeit fürs Hirn und Spiele fürs Herz."

KONTAKT
Berggasthof Kreut-Alm
www.kreutalm.de
Gastgeber: Familie Mayr
Kreut 1
82439 Kreut bei Großweil
Telefon: 08841-5822

DIE TENNE KANN FÜR FESTE UND VERANSTALTUNGEN FÜR BIS ZU 400 PERSONEN GEMIETET WERDEN.

Beim Kargl

Ein ganz besonderes Kraut hat es Anton Kargl angetan – nicht umsonst ist der Gastgeber und Senior-Küchenmeister im Landgasthaus Beim Kargl auch als „Bärlauchpapst" bekannt. Der Bärlauch, lateinisch *Allium ursinum*, ist mit dem Schnittlauch, der Zwiebel und dem Knoblauch verwandt. Als Heilpflanze gern rund um den Magen, die Verdauung und den Stoffwechsel eingesetzt, entfaltet das Wildblatt sein volles Potenzial in der Küche.

Bayerische Gemütlichkeit und Gastfreundschaft sind im Kargl in Saulgrub Familiensache. Aus dem von Bonifaz und Maria Kargl 1970 eröffneten Café samt Weinstube wurde unter den fähigen Händen der zweiten Generation das heutige Landgasthaus mit Fokus auf regionaler Kochtradition. Seit 2011 steht nun bereits Anton Kargl jun., der Enkel der Gründer, am Herd und begeistert seine Gäste mit frischen Interpretationen bayerischer Klassiker. Auf der Karte hat der Rhythmus der Natur das Sagen: Bunte Salate und Grillspezialitäten bestimmen den Sommer, pünktlich zum Herbstanfang kommt Wild aus den Ammergauer Alpen auf den Tisch und im Winter

AUSGEZEICHNETE
BAYERISCHE
KÜCHE

stehen Krautgerichte im Vordergrund. Der Frühling muss für die Küchenmannschaft des Kargl aber wohl die schönste Zeit des Jahres sein – die berühmten Bärlauchwochen bestimmen dann nämlich das Geschehen im Landgasthaus. Von März bis Juni wird das aromatische Blatt frisch in der Natur gesammelt und vom Küchenchef in immer wieder neuen Variationen zum Gaumenschmaus gemacht.

An den Wänden der rustikalen Gaststube hat so manche Jagdtrophäe ihren Platz gefunden. Im Sommer geht allerdings nichts über eine Abkühlung im idyllischen Biergarten. Jeden Mittwoch werden Teile vom Ochs am Spieß gebraten, zur Unterhaltung spielen Musikgruppen aus dem Ort bayerisch-zünftig auf. Dazu sollte man unbedingt „Kargl's Hausbier" probieren, ein süffiges Halbdunkles aus der Privatbrauerei Kössel.

KONTAKT
Landgasthaus Beim Kargl
www.landgasthaus-beim-kargl.de
Gastgeber: Familie Anton Kargl
Im Kirchfeld 9
82442 Saulgrub
Telefon: 08845-640

DAS GANZE JAHR IST DAS GASTHAUS EIN BELIEBTER TREFFPUNKT BAYERISCHER MUSIKANTEN.

Zum Stern

Seehausen am Staffelsee ist ein kleines Freizeitparadies. Im Sommer lädt der See zum Schwimmen oder Sonnenbaden am Ufer ein, im Winter gleitet man auf Schlittschuhen oder mit dem Eisstock in der Hand übers gefrorene Eis. Und nach einer Radtour durch die malerische Gegend kehrt man im Gasthof Zum Stern ein und genießt das wunderbare Panorama der nahen Alpenkette. Das Haus besteht seit 1634 und wurde liebevoll und mit Blick aufs Detail saniert. Gäste speisen im historischen Teil des Stern: Getafelt wird in der Gaststube, dem „Staffelsee-Saal" oder im urigen „Inselstüberl", das den Besuchern an kalten Tagen mit einem Kachelofen wunderbar einheizt und Atmosphäre schafft.

Die Philosophie von Gastgeber Bruno Wallmeier ist ein klares Bekenntnis zur traditionell bayerischen Küche. „Inspiriert durch die Region, dirigiert von den Jahreszeiten mit ihrem vielfältigen, saisonalen Angebot und dabei doch immer wieder für eine Überraschung gut." Der „Kulinarische Kalender" des Gasthofs führt seine Gäste dabei köstlich durchs Jahr: Vom klassischen Dreikönigsmenü geht es über die Fisch- und Lammge-

AUSGEZEICHNETE
BAYERISCHE
KÜCHE

richte der Osterzeit – die Zubereitung von fangfrischem Fisch aus dem Staffelsee und anderen nahen Gewässern ist eine besondere Spezialität des Hauses – zu den „Wilden Zeiten" im Herbst. Heimische Lieferanten sorgen für die passenden Rohstoffe der Regionalküche.

Ab Mitte Mai wird im Biergarten bei schönem Wetter gegrillt. Liebhaber von saftigen Nackensteaks, würzigen Spießen und frischen Renken vom Rost kommen hier voll auf ihre Kosten. Die Kinder können sich derweil auf dem eigenen Spielplatz austoben. Beliebt sind auch die Heimatabende, an denen Trachten- und Volkstanzgruppen im großen Festsaal ihren Auftritt haben. Nächtigen kann man in insgesamt neun komfortablen Zimmern, die dem Stern namensgerecht eine G-Vier-Sterne-Klassifizierung eingebracht haben.

KONTAKT
Gasthof Zum Stern
www.gasthof-stern.de
Gastgeber: Bruno Wallmeier
Dorfstraße 2
82418 Seehausen
Telefon: 08841-61640

EINE DELIKATESSE SIND DIE SPEZIALITÄTEN VOM RIEGSEER WEIDEOCHSEN VOM NATUR-LANDHOF MAYR.

Beim Metzgerwirt

Der Metzgerwirt in Hurlach ist fest in Frauenhand: Wirtin Stefanie Rüdel sorgt in ihrem „Schmankerlstadl" zwischen Landsberg und Augsburg mit viel Engagement für das Wohl ihrer Gäste. „Gastlichkeit mit Herz und Seele" heißt das dazugehörige Motto, dem auch Küchen- und Serviceteam stets treu bleiben. Rustikales Flair gehört hier zum Erlebnis dazu, denn der Gasthof hat einer ehemaligen Scheune zu neuem Leben verholfen – das kann und soll man dem urigen, weitläufigen Gastraum mit hölzerner Galerie und eindrucksvollem Dachgebälk noch ansehen.

Beachtlich ist die Geschichte des Metzgerwirts: Um 1600 wurden das heutige Wohnhaus samt Metzgerei von den Fuggern erbaut. Das Ensemble diente lange Zeit als Posthalterei, in der auch berittene Boten ihre Pferde wechseln konnten. Eine Herberge bot schon damals den Überbringern wichtiger Briefe und Pakete, die teils bis nach Italien reisten, eine Unterkunft für die Nacht. Boten, Kutschern und auch sonstigen Reisenden muss es ausgesprochen gut gefallen haben, als der Posthalter schließlich auf die Idee kam, sich am Bierbrauen und Schnaps-

brennen zu versuchen. Das Brau- und Brennrecht liegt noch heute auf dem Haus.

Die starke regionale Verankerung des Metzgerwirts bestimmt auch die Speisekarte. Traditionelles, typisch Deftiges aus der bayerischen Küche kommt hier auf den Teller. Kultstatus genießt das „Metzgerwirtschnitzel" – sowohl was Qualität als auch Quantität angeht. Sobald es das Wetter erlaubt, werden Schweinshaxe, Krustenbraten und Wurstsalat auch unter den schönen, Jahrhunderte alten Kastanienbäumen im angeschlossenen Biergarten serviert.

Ein typisch bayerischer Weltrekord hat dem Gasthaus im Jahr 2013 eine ganz spezielle Urkunde beschert. Im Januar hieß es nämlich: „6 Männer, 9 Tage, 32 Karten". Mit zweihundert Stunden wurde im Metzgerwirt der neue Dauerschafkopf-Weltrekord aufgestellt.

KONTAKT
Beim Metzgerwirt
www.beim-metzgerwirt.de
Gastgeberin: Stefanie Rüdel
Poststraße 10
86857 Hurlach
Telefon: 08248-7676

JEDEN DONNERSTAG WIRD ZUM TRADITIONELLEN WEISSWURSTFRÜHSTÜCK GELADEN; FREITAGS GIBT'S KNUSPRIGE SPARERIBS.

Eberl

Der Gasthof Eberl mit eigener Metzgerei und Drei-Sterne-Hotel ist eine echte bayerische „Weiberwirtschaft". Die Führung des fast vierhundert Jahre alten Gasthauses liegt fest in den Händen der Schwestern Viktoria Eberl-Stefan und Christine Hattensperger. Beide haben sich ihren Einsatzbereich dabei gut ausgesucht: Viktorias Reich ist die Küche und Christine sorgt in der Metzgerei dafür, dass die alten Hausrezepte der Familie gepflegt und weitergeführt werden.

Wie es sich für eine der letzten traditionellen Metzgerwirtschaften im Brucker Land gehört, werden unverfälschte bayerische Spezialitäten mit viel Liebe und großer Sorgfalt zubereitet. Die Wirtshausschmankerl kommen selbstverständlich aus der eigenen Metzgerei und locken Genießer mit täglich ofenfrischem Schweinsbraten an Kartoffelknödel und Krautsalat oder mit „Eberls Lieblingstöpferl" – überbackene Medaillons mit Eierspätzle, frischen Schwammerln und Sahnetupfen – an den Tisch. Die gefüllte Kalbsbrust wird nur an Sonn- und Feiertagen zubereitet, nach einem Rezept der Urgroßmutter, die das Kochen noch in der Klosterschule gelernt hat. Vegetarisches und Fisch

AUSGEZEICHNETE
BAYERISCHE
KÜCHE

kommen im Wirtshaus Eberl auch nicht zu kurz: Köstlichkeiten wie hausgemachter Marktgemüse-Currykuchen an Zitronentopfen oder herbstliche Linsenpflanzerl auf Kürbisragout erfreuen den Gaumen. Freitags sind die feinen Forellen und Karpfen aus der Fischzucht Birnbaum in Epfenhausen besonders zu empfehlen.

Der Gasthof versteht sich auch nach der Renovierung und Modernisierung als echtes bayerisches Dorfwirtshaus mit allem, was dazugehört. Die Dorfgemeinschaft trifft sich bei Bier und Brotzeit auf einen Ratsch, Volkstheaterstücke kommen im Saal zur Aufführung und zu bayerischen Feiertagen wie der traditionellen Kirchweih gibt's ebenso Traditionelles aus der Küche: „Auszog'ne" und „Gäns". Sommers geht es auf der Südterrasse und im neuen Hofgarten mit angrenzendem Spielplatz gemütlich zu.

KONTAKT
Gasthof Hotel Metzgerei Eberl
www.eberl-hattenhofen.de
Gastgeberin: Viktoria Eberl-Stefan
Hauptstraße 8
82285 Hattenhofen
Telefon: 08145-995700

DONNERSTAGS KOMMEN LIEBHABER DES „SÜSSEN BAYERNS" BEIM DAMPF- UND ROHRNUDELTAG AUF IHRE KOSTEN!

Hartl Zum Unterwirt

Schon über 140 Jahre, genauer gesagt seit 1873, gibt es den Gasthof Hartl Zum Unterwirt. Josef Hartl jun. leitet das Haus heute in fünfter Generation und sorgt als Küchenchef für das leibliche Wohl seiner Gäste. Sein Können bewies der mit dem „Bayerischen Staatspreis für Küchenmeister" ausgezeichnete Hartl schon unter anderem bei der Kocholympiade im Jahr 2004, als er mit der Jugendnationalmannschaft der Köche Deutschlands die Goldmedaille errang. Internationale Erfahrung sammelte er in der portugiesischen, britischen und schweizerischen Sternegastronomie, bevor er im Mai 2009 an den heimischen Herd zurückkehrte.

Der junge Gastgeber beschreibt seine Küchenphilosophie als „traditionell und a bisserl innovativ" und sein ganz auf die Region Bayern ausgelegtes Konzept geht auf: Aus saisonalen, frischen, heimisch angebauten Produkten entstehen ebenso gutbürgerliche wie leichte und moderne Speisen, die jeden Gourmet begeistern dürften. Der Sinn des Küchenchefs für kulinarische Feinheiten sorgt hier für ein absolutes Geschmackserlebnis.

AUSGEZEICHNETE
BAYERISCHE
KÜCHE

In den Gasträumen des Unterwirts findet jeder seinen Platz. In der traditionellen Wirtsstube trifft sich der Stammtisch, geschlemmt wird in der freundlichen, hellen „Andreas-Stube" und neben dem Festsaal bietet auch die große „Josef-Stub'n" genügend Raum für so manches Fest in größerer Runde. Der windgeschützte Garten im Innenhof lädt bei einer zünftigen Brotzeit zum Verweilen und Sonnentanken ein.

In regelmäßigen Abständen wird der Unterwirt zur Bühne für ein ebenso abwechslungsreiches wie höchst unterhaltsames Musik-, Kabarett-, Varieté- und Theaterprogramm. Wer dabei regelmäßig zu Gast ist, kennt und nutzt wahrscheinlich auch das „Special" des Hauses: die Streifenkarte zum Abstempeln für zehn Bier nach Wahl; eine passende Geschenkidee für Stammgäste und solche, die es werden wollen.

KONTAKT
Gasthof Hartl Zum Unterwirt
www.gasthof-hartl.de
Gastgeber: Josef Hartl jun.
Duringstraße 5
82299 Türkenfeld
Telefon: 08193-999517

DAS FÜNFSEENLAND LÄDT ZU FAHRRADTOUREN UND FAMILIENURLAUBEN EIN: DER GASTHOF LIEGT AM AMMER-AMPER-RADWEG.

Seehof Herrsching

Der Seehof liegt an der längsten Seepromenade Deutschlands in Herrsching. Nur etwa dreißig Kilometer vor den Toren Münchens kommt man dem Süden hier am Ufer des Ammersees ein Stückchen näher, und das noch direkt hinter der Anlegestelle Herrsching, an der auch die alten Raddampfer, die für alle Nostalgiefreunde ihre Runden auf dem See drehen, einen Halt einlegen.

„Köche sind Alchemisten, wahre Genuss- und Ernährungszauberer": In der Küche des Seehofs zeigen sie unter diesem Leitspruch ihr ganzes Können. Authentisch und vitalisierend sollen die Gerichte sein und Tradition und Innovation am Gaumen des Gastes vereinen. Eine echte Vitaminküche ist das Ziel, die den Stoffwechsel anregt und sich an metabolischer, vitaminreicher und auch fettarmer Ernährungsphilosophie orientiert. Kein Wunder, dass die hervorragend zubereiteten, leichten „neuen Seehof-Schmankerl" ebenso beliebt sind wie die delikaten Fischgerichte. Regionale Herkunft und Frische der Zutaten werden dabei durch eine sorgfältige Auswahl zuverlässiger und zertifizierter Lieferanten garantiert.

AUSGEZEICHNETE
BAYERISCHE
KÜCHE

Gerda und Peter Reichert setzen auf bayerische Gastfreundschaft auf höchstem Niveau und zahlreiche zufriedene Gäste geben ihrem Konzept Recht. 2011 als „musikantenfreundliches Wirtshaus" ausgezeichnet, ist der Seehof heute eine Heimstatt echter bayerischer Wirtshaus- und Volksmusik. Neben regelmäßigen Konzerten ist das spontane Musizieren ausdrücklich erwünscht – schließlich sind auch die Chefs selbst Musiker von ganzem Herzen und erfreuen ihr Publikum mit zünftigen Tönen.

Im großzügigen Außenbereich ist der Service ebenso freundlich und flott wie in den vier gemütlichen Stuben. Die mitgebrachte Brotzeit darf man sich im angeschlossenen Biergarten unter Kastanienbäumen schmecken lassen. Die schönsten Zimmer des zum Restaurant gehörigen Hotels bieten einen wunderbaren Blick über den Ammersee.

KONTAKT
Seehof Herrsching,
Reichert GmbH & Co. KG
www.seehof-ammersee.de
Gastgeber: Gerda u. Peter Reichert
Seestraße 58
82211 Herrsching
Telefon: 08152-9350

Zur Post

Der historische Gasthof Zur Post in Herrsching, der seit 1456 als Ritterlehen Gäste bewirtete und beherbergte, könnte viele Geschichten erzählen von den alten Rivalen Bayern und Österreich. Umso charmanter, dass die Wirtsleute Elisabeth und Otmar Walch, die aus München und Graz stammen, heute beide Regionen mit ihrer jeweils reichen Küchentradition in ihrem Haus kulinarisch vereinen.

Essen bedeutet für das Team rund um die beiden Gastgeber Genuss, Bewusstsein und Verantwortung, auch für die Region. Verwendet werden in der Küche hauptsächlich Produkte heimischer Erzeuger. Auf der Karte geht es deftig zu, vom Brezensüppchen über das original Wiener Kalbsschnitzel bis zu den süßen Versuchungen. Figurbewusste greifen da einfach zur „Schlanken Sisi", einem bunten Salat mit gegrillten Hähnchenstreifen und Joghurt-Dressing. Eine spezielle Schmankerl-Karte weist dazu jedem Tag der Woche „sein" Gericht zu: Der Freitag gehört z.B. dem fangfrischen Seesaibling, während samstags und sonntags knuspriges Spanferkel aufgetischt wird. Im Sommer ist die erfrischende, von der Wirtin hausgemachte Holunderschorle zu

AUSGEZEICHNETE
BAYERISCHE
KÜCHE

Oberbayern
Herrsching

empfehlen, die man am besten unter den alten Kastanien im Biergarten genießt. Ausdrücklich willkommen sind alle Besucher mit vierbeiniger Begleitung. Wassernäpfe, kleine Snacks, Decken und nicht zuletzt eine eigene Speisekarte machen den Aufenthalt auch für jeden Hund zu einem angenehmen Erlebnis.

Neben der „Tafern", der Gaststube mit großem, offenem Kamin, und den hellen Räumen von Bar und Bistro bietet in der Post das „Ritterstüberl" mit gemauertem Gewölbe, gusseisernen Kerzenleuchtern und rustikalem Mobiliar ein mittelalterliches Kontrastprogramm zum Alltag. Im zum Wirtshaus gehörigen Hotel warten 17 gemütliche Zimmer auf den Übernachtungsgast. Jedes davon hat seinen eigenen Charakter, keines gleicht dem andern – roter Faden der Einrichtung ist allein der von hellem Holz geprägte schöne Landhausstil.

KONTAKT

Gasthof Hotel Zur Post
www.post-herrsching.de
Gastgeber: Familie Walch
Andechsstraße 1
82211 Herrsching
Telefon: 08152-396270

Hirth

Der bayerische König Ludwig II. suchte an seinen Ufern die Ruhe, Musiker und Literaten ließen sich von ihm inspirieren und Karl Valentin setzte ihm mit seinem berühmten Karpfenrennen ein humoristisch-skurriles Denkmal: Der Starberger See, der „Badewannensee" im Münchner Süden hat von seiner Anziehungskraft als Ausflugs- und Erholungsziel nichts eingebüßt. Wer sich beim Schnuppern der guten Seeluft Appetit geholt hat, macht einen Abstecher nach Münsing ins Seegasthaus Hirth – ein Hort bayerischer Lebensart und Gastfreundschaft.

Die beiden Wirte Gabriele Hirth und Gery Borchardt setzen auf Qualität, regionale Lieferanten sorgen dazu für die passenden Zutaten. In der Küche spiegelt sich das Motto des Seegasthauses: „Traditionell bayerisch" geht es am Herd zu, aber mit Pfiff und Anspruch – von der altbayerischen Kartoffelsuppe mit Trüffel bis zu „Omas Apfelkücherl". Die Nähe zum See erlaubt Gaumenkitzler wie die Starnberger Seerenke, in Andechser Fassbutter goldbraun gebraten. Ein monatlich wechselndes Menü zeigt die Kreativität, mit der im Seegasthaus

AUSGEZEICHNETE
BAYERISCHE
KÜCHE

am Kochtopf gearbeitet wird. Eine Spezialität des Hauses ist das „Reindl-Essen", gewissermaßen ein kleines, kommunikatives Tischbuffet für Gruppen: Auf Vorbestellung wird eine Zusammenstellung verschieden zubereiteter Fleischarten – zartes Hühnchen, feines Kalb und Lamm, geröstetes Spanferkel – an üppigen Beilagen in großen, gusseisernen Pfannen serviert.

Im Sommer mausert sich die schöne Terrasse des Seehauses zum Treffpunkt für Einheimische wie Ausflügler und Touristen, das Verweilen bei einem guten Tropfen Wein oder einem süffigen Augustiner Bier fällt nicht schwer. Die liebevoll dekorierten Innenräume können für private Feiern aller Art reserviert werden. Nur einen knappen Kilometer vom Restaurant entfernt lädt der Anlegesteg im benachbarten Ambach zu einer Schifffahrt rund um den Starnberger See ein.

KONTAKT
Seegasthaus Hirth
www.seegasthaus-hirth.de
Gastgeber: Gery Borchardt
Am Schwaiblbach 3
82541 Münsing
Telefon: 08177-476

Bruckenfischer

Im Isartal, nahe beim bekannten Kloster Schäftlarn steht das Traditionsgasthaus Bruckenfischer. 1905 erstmals als Gastwirtschaft verpachtet, ist das Haus seit nunmehr zwanzig Jahren in der Hand von Josef Wagner, der sich nicht nur als Wirt sondern auch als passionierter Jäger gekonnt und mit viel Leidenschaft um das Wohl seiner Gäste bemüht: Verarbeitet wird in seiner Küche zur rechten Jahreszeit auch heimisches Wild aus eigener Jagd.

Bayerische Spezialitäten gesellen sich im Bruckenfischer zu regionalen frischen Produkten – gekocht wird gutbürgerlich, unverschnörkelt und ehrlich. Sehr wichtig ist Josef Wagner und seinem eingespielten Team die Qualität aller verarbeiteten Rohstoffe. Der Jahreslauf mit seinem wechselnden Angebot an Gemüse und Früchten spiegelt sich in den saisonalen Speisekarten wider. Fisch-, Spargel-, Matjes-, Salat- und Wildwochen garantieren größtmögliche Frische und besten Geschmack. Ganzjährig lockt die Küche mit Tagesangeboten: Mittwochs freuen sich z.B. Fleischliebhaber über verschiedene Schnitzelvariationen, während freitags Isartal-Forellen auf den Tisch kommen. Ein

AUSGEZEICHNETE
BAYERISCHE
KÜCHE

hausgemachtes „Verdauungsschnapserl" aus grünen Walnüssen und Kräutern schließt ein jedes Menü perfekt ab.

Die Nähe zum Kloster Schäftlarn und die idyllische Lage direkt am Radweg „Via Bavarica Tyrolensis" führen einige Ausflügler und Touristen zum Bruckenfischer. Einheimische fühlen sich aber ebenso sehr wohl. Helle, rustikale Holzmöbel sorgen für ein einladendes Ambiente, ein Kachelofen trägt zur Gemütlichkeit bei und alle Räume sind liebevoll dekoriert. Der Biergarten gleich oberhalb der Isar wird in bayerischer Tradition bewirtet: Wer möchte, bringt sich seine Brotzeit selbst mit und genießt sie unter den schattenspendenden Kastanien, für die passenden Durstlöscher sorgt der Wirt. Oder aber man probiert eines der kleinen Gerichte: Vom Wurstsalat bis zum Leberkäse locken zahlreiche Schmankerl zur Versperzeit.

KONTAKT
Gasthaus Bruckenfischer
www.bruckenfischer.de
Gastgeber: Josef Wagner
Dürnstein 1
82544 Egling
Telefon: 08178-3635

IM BIERGARTEN DIREKT
AN DER ISAR WARTET EINE
KOSTENLOSE LADESTATION
FÜR ELEKTROFAHRRÄDER
AUF ALLE E-RADLER.

Zum Wildpark

Der Wirt des Gasthofs Zum Wildpark ist den meisten Bayern sicher in anderer Funktion wohlbekannt: Im Jahr 2002 wurde Anton Roiderer, Betreiber des Hacker-Festzelts, zum Sprecher der Wiesnwirte gewählt. Rückt in München das Oktoberfest näher, darf man sich seitdem auf so manch charmant-unterhaltsames Interview mit dem Gastronomen freuen, und das nicht nur zum Thema Bierpreis.

Sein Gasthof Zum Wildpark ist ein wahres Traditionshaus. 1904 vom Großvater erworben, wird es nach wie vor als Familienbetrieb geführt. Ebenso seit Generationen in Familienhand ist die Metzgerei Roiderer in Straßlach. Mit Wurst und Fleisch aus eigener Herstellung bürgt sie für die Frische und Qualität der im Gasthaus angebotenen Speisen. Die Karte gibt sich bodenständig und hat sich den deftigen bayerischen Klassikern verschrieben, wobei die Standardkarte mit Wurstsalat, heißgeräuchertem Bauernschinken an Meerrettich oder Pfälzer Hausmacher-Leberwurst auf Schwarzbrot jeden leidenschaftlichen Brotzeitmacher zufriedenstellen dürfte. Aus der wechselnden, üppigen Tageskarte lassen sich mit Suppen, Salaten, heißen Schmankerln und süßen Versu-

AUSGEZEICHNETE
BAYERISCHE
KÜCHE

chungen wunderbare Menüs zusammenstellen. Die eigene Metzgerei macht dazu noch eine ganz spezielle Karte möglich: Spezialitäten aus frischer Schlachtung wie Kalbsherz vom Rost oder saures Lüngerl lassen die altbayerische Küche wiederaufleben.

Eine absolute Besonderheit ist der große Biergarten, denn bei kühleren Temperaturen sorgt eine Fußbodenheizung dafür, dass es sich gemütlich unterm weiß-blauen Himmel aushalten lässt. Das Bier kommt von der Brauerei Hacker-Pschorr, und wird im Garten die Glocke angeschlagen, weiß der kundige Gast, dass gerade ein frisches Holzfass angezapft wurde. Der große Spielbereich sorgt für Spaß bei den Kleinen. Im Wirtshaus können ganze sieben verschiedene Stuben für Feiern aller Art angemietet werden. Besonders schön ist die „Zirben Stuben", in der es noch zart nach dem namensgebenden Zirbelholz duftet.

KONTAKT
Gasthof Zum Wildpark
www.gasthof-zum-wildpark.de
Gastgeber: Anton Roiderer
Tölzer Straße 2
82064 Straßlach
Telefon: 08170-9962-0

EINE RIESIGE MARKISE VERWANDELT DEN BIERGARTEN IN NUR DREI MINUTEN IN EIN FESTZELT – AUCH IM WINTER!

Kasten

Auf einer Waldlichtung zwischen Neuried und Gauting liegt das Forsthaus Kasten auf dem gleichnamigen Gut, das auf eine beachtliche Geschichte zurückblicken kann: Die fast achthundert Hektar des sogenannten Heilig-Geist- oder Spitalwalds gehen auf eine Stiftung Anfang des 13. Jahrhunderts zurück. Seit 1899 konnten Reisende auf eine Brotzeit im damaligen Forsthaus einkehren. Johanna und Johann Barsy weckten das alte Haus 1990 aus seinem Dornröschenschlaf und bauten es zu einem beliebten Ausflugsziel aus.

Chef Johann Barsy arbeitet in seiner Kräuterküche mit hochwertigen Produkten, deren heimische Lieferanten er genau kennt. Salate und frische Gewürzkräuter werden im hauseigenen Garten gezogen oder in der Natur gesammelt. Gerne wird mit den Zutaten improvisiert, die je nach saisonalem Angebot täglich frisch vom Markt kommen. Ein Großteil der Karte richtet sich nach der Jahreszeit. Über klassisch bayerische Dauerbrenner wie den ofenfrischen Schweinsbraten mit Kruste vom Allinger Kartoffelmastschwein dürfen sich die Gäste aber rund ums Jahr freuen.

AUSGEZEICHNETE
BAYERISCHE
KÜCHE

Oberbayern
Gauting-Neuried

Besondere Durstlöscher entstehen in der „Johann Barsy Manufaktur". Von Aprikose-Minze über Waldmeister bis Rhabarber-Rosenblüten: Je nach Früchteangebot zaubert der Küchenchef eine vielfältige und abwechslungsreiche Siruppalette. Seine individuellen Kreationen sind Familienrezepte und eigene Entwicklungen, von Hand mit viel Liebe zubereitet und garantiert ohne künstliche Zusatz- und Konservierungsstoffe. Ausgesuchte Zutaten und schonende Herstellung sorgen für natürlichen Genuss. Ob mit Soda und Prosecco als Sprizz, mit Mineralwasser als Durstlöscher oder zum Verfeinern von Desserts, das fruchtige Erlebnis sollte man sich nicht entgehen lassen.

Ein Highlight des Forsthauses ist auf jeden Fall der große Biergarten. Und für Kinder gibt es auf dem Gelände viel zu entdecken: Abenteuerspielplatz, Hüpfburg und Minigolfanlage laden zum Toben ein.

KONTAKT
Forsthaus Kasten
www.forst-kasten.de
Gastgeber: Johanna u. Johann Barsy
Forsthaus Kasten 1
82131 Gauting-Neuried
Telefon: 089-8500360

FÜR PRIVATE FEIERN STEHT IM GARTEN DAS URIGE HEXENHAUS BEREIT, AUF WUNSCH AUCH MIT SPANFERKELGRILLEN.

Landlust Am Reitsberger Hof

In Vaterstetten kann man nicht nur gutbürgerlich bis gehoben einkehren – in dem zertifizierten Erlebnisbauernhof mit Milchviehbestrieb und Reitschule ist immer etwas los. Das Restaurant ist, nachdem es über längere Zeit verpachtet war, seit Dezember 2011 wieder in Familienhand. Anna Link führt die Wirtschaft Landlust Am Reitersberger Hof und kümmert sich zusammen mit ihrem Mann Christoph um das Wohl ihrer Gäste.

Kühe, Kälber, Hühner, Gänse, Schafe, Ziegen, Hasen und einige Tiere mehr leben in artgerechter Haltung auf dem Hof und führen den Besuchern die Vielfalt der heimischen Nutztiere vor Augen. Geschlachtet wird zwar nicht mehr im Betrieb selbst, die Milch kommt aber nach wie vor von den eigenen Kühen. Kundige Führungen sind nach Voranmeldung jederzeit möglich. Jeden Freitag ist der Reitsberger Hof zudem Gastgeber für den Vaterstettener Bauernmarkt.

Gekocht wird in der Landlust traditionell-raffiniert. Die Speisekarte, ergänzt durch eine wechselnde Tageskarte, bietet Köstlichkeiten wie die Suppe vom bayerischen Hühnchen mit Spitzmorchelnockerl, Scheiben von der sanft geschmorten

AUSGEZEICHNETE
BAYERISCHE
KÜCHE

Kalbszunge mit Gemüse oder Blumenkohl-Brezen-Knödel an Kräutersaitlingsragout mit frischer Petersilie und geriebenen Bergkäsespänen. Die eigene Obstkelterei und Schnapsbrennerei sorgt für frische Säfte und feine Brände, die man im Wirtshaus probieren und gerne auch mit nach Hause nehmen kann. Das süffige Bier kommt aus der unabhängigen Klosterbrauerei Reutberg.

Für Kinder ist ein Besuch auf dem Reitersberger Hof nicht nur wegen der Nähe zu den zahlreichen tierischen Hofbewohnern ein Erlebnis: Im Sommer ruft eine Strohburg nach abenteuerlustigen Kletterern und bei einer Spritztour mit dem alten Traktor kann man sich wunderbar durchrütteln lassen. Für das Vergnügen der Eltern sorgt derweil der schattige Kastanienbiergarten.

KONTAKT
Wirtshaus Landlust
Am Reitsberger Hof
www.zurlandlust.de
Gastgeberin: Anna Link
Baldhamer Straße 99
85591 Vaterstetten
Telefon: 08106-379591

ANTIKE KEGELBAHN IM GRÜNEN: ORIGNALGETREU RESTAURIERT UND FÜR EIN SPIEL BEREIT!

Zum Griabig'n

D er bayerische Ausdruck „griabig" bedeutet so viel wie „gemütlich, angenehm, behaglich". Auf einen Ort oder eine Gesellschaft angewandt, kann man sicher sein, dass es der bayerischen Seele, die der Gemütlichkeit doch sehr zugetan ist, hier rundum gut geht. Beim Griabig'n im Herzen von Germering ist dieser Name Programm – zur Freude der zahlreichen Stammgäste. Wobei einer von ihnen die Treue zu „seinem" Wirtshaus auf ganz besondere Art bekundet hat: Das Logo des Griabig'n prangt als Tätowierung auf seinem Oberarm.

Vom Suppentopf bis zur „Wurschtkuchl" geht's in der Küche deftig zu. Für den großen Hunger empfiehlt sich die „Stoalupferplatt'n": Ordentliche Portionen von abgebräuntem Kassler, knusprigem Schweinsbraten und Nürnberger Bratwürsten an Sauerkraut, Bratkartoffeln und Semmelknödel bringen selbst so manches gestandene Mannsbild ins Schwitzen. Wer seinem Magen diese Meisterleistung nicht ganz zutraut, probiert es vielleicht mit dem „Germeringer Katzeng'schrei", geröstetem Bratenfleisch mit Speck, Zwiebeln, Kartoffeln, Gemüse und Spiegelei. Die Leispeise des Wirts darf natürlich nicht

AUSGEZEICHNETE
BAYERISCHE
KÜCHE

auf der Karte fehlen: Münchner Schnitzel mit hausgemachtem Kartoffelsalat. Neben der Standardkarte werden im Griabig'n täglich wechselnde „Specials" angeboten. Am Mittwoch heißt es z.B. „Schnitzelparade", der Donnerstag steht ganz im Zeichen des ofenfrischen Leberkäses.

Ist man mit einer Gruppe von mindestens zwanzig Personen unterwegs, kann man sich nach Vorbestellung auf ein ganzes Spanferkel freuen. Nach Aperitif und kleiner Vorspeise wird dabei das knusprige Ferkel vor den Augen der Gäste fachgerecht zerlegt. Zur Verdauung und um ein wenig Raum für den süßen Nachschlag zu schaffen, wird ein „Wildsautropfen" gereicht. Für den musikalischen Genuss sorgen im Griabig'n einmal im Monat, immer freitags ab 19:00 Uhr, die Germeringer Wirtshaus-Musikanten.

KONTAKT
Zum Griabig'n
www.zumgriabign.de
Gastgeber: Alexander Maffei
Untere Bahnhofstraße 38a
82110 Germering
Tel.: 089-84050840

Grünwalder Einkehr

W iesnwirt Peter Pongratz, auf dem Münchner Oktoberfest mit dem Winzerer Fähndl vertreten, eröffnete 2009 seine komplett renovierte und umgebaute Grünwalder Einkehr neu und holte sich zur Verstärkung den bekannten Fernsehkoch Andreas Geitl ins Boot, der auch im Paulaner am Nockherberg die Küche dirigiert. Kulinarisch zeichnet sich die Einkehr seitdem durch gehobene bayerische Speisen mit italienischem Einschlag aus. Der Dreiklang aus Küche, Service und Ambiente verspricht Genuss in außergewöhnlicher Atmosphäre.

Wie gut sich die regionale Kochtradition mit mediterranem Geschmack verträgt, sieht man an den „Italienisch-Bayerischen-Menüs": Der Schwammerl-Cappuccino kitzelt den Gaumen eines jeden Feinschmeckers, bevor er vom kräutermarinierten Ochsenfilet in kräftiger Chiantisoße erfreut wird. Die vom Gast selbst zusammengestellten Speisefolgen stehen dabei den Vorschlägen des Küchenchefs in nichts nach. Ein guter Start ist z.B. mit dem Salat „Caesar Bavarie" gemacht, dem Klassiker in bayerischer Interpretation mit Speckfleckerl und Brezen-Croûtons, ganz traditionell gefolgt von einer reschen Ente mit Apfel-

Blaukraut und Kartoffelknödel. Das Champagner-Weißbier-Ti-ramisu macht schließlich Lust auf einen süßen Magenschließer – die perfekte Symbiose von süffiger bayerischer Biertradition und spritzig-italienischer Leichtigkeit.

Edle Hölzer und kühler Marmor bestimmen das Interieur der Grünwalder Einkehr. Fein und gehoben, aber dennoch ge-mütlich präsentiert sich die Gaststätte im bürgerlich-noblen Münchner Stadtteil. Die Bar im lichtdurchfluteten Wintergar-ten begeistert mit einer effektvollen Lichtinszenierung. Der an-grenzende Wirtsgarten mit romantischem Innenhofcharakter ist sowohl vor neugierigen Blicken wie auch vor störendem Wind ge-schützt. Auf dem Dach lockt die „Isar-Terrasse" und auch vom Fest-saal, dem sogenannten „Salettl", und von der „Münchner Kindl Stu-be" aus kann man die wunderbare Aussicht auf die Isar genießen.

KONTAKT
Grünwalder Einkehr
www.gruenwalder-einkehr.de
Gastgeber: Peter Pongratz
Nördliche Münchner Straße 2
82031 Grünwald
Telefon: 089-125925490

GROSSZÜGIGE WEINKARTE MIT SORGSAM AUSGEWÄHLTEN SPEZIALITÄTEN FÜR KENNER UND GENIESSER.

Alter Wirt

Mitten in der Gemeinde Grünwald liegt der Alte Wirt, das erste Bio-Hotel und -Restaurant in der Region rund um die bayerische Landeshauptstadt. Seit 2006 ist der Betrieb von ABCERT, der führenden deutschen Öko-Kontrollstelle, zertifiziert, trägt daneben noch das grüne Gütesiegel der „eco hotels certified" und wird von Bioland empfohlen. Kein Wunder, denn im Alten Wirt werden ökologisches Denken, Handeln und Wirtschaften ohne Kompromisse in den Mittelpunkt gestellt – Verantwortung und Genuss gehören hier untrennbar zusammen.

Ihre Lieferanten kennt die Wirtsfamilie Portenlänger meist sogar persönlich. Alle Waren werden ausschließlich von Bio-Betrieben bezogen, die größtenteils regional produzieren. Fleisch, Fisch, Obst, Gemüse, Mehl, Öl, sogar Gewürze – alles kommt aus kontrolliert biologischem Anbau. Eingekauft und gekocht wird nach dem vielfältigen saisonalen Angebot im Jahreskreislauf. Diese Qualität und Sorgfalt schmeckt man im Alten Wirt: Vom echt bayerischen Schweinsbraten in Dunkelbiersoße bis zum feinen, mit Dörrpflaumen gefüllten

AUSGEZEICHNETE
BAYERISCHE
KÜCHE

Schweinerücken im Schinkenmantel mit Rübchengemüse begeistert die Küche Traditionalisten wie Experimentierfreudige.

Tradition und Moderne kommen auch in den Gasträumen zusammen. Zwischen schicker Bar und getäfelter Bauernstube dominiert im Restaurant und in der renovierten Wirtschaft warmes Holz. Auch die nach baubiologischen Kriterien umgebauten Zimmer im familiengeführten Hotel sorgen mit Böden aus geölter Kastanie, Möbeln aus heimischen Hölzern und metallfreien Naturbetten für ein Klima zum Wohlfühlen. Der zum Haus gehörende Apfelgarten, die Sonnenterrasse und der idyllische Biergarten sind sommerliche Oasen der Ruhe. Und für alle Neugierigen bzw. Mutigen hat der Alte Wirt eine besondere Herausforderung parat: Jeden Abend um 18:00 Uhr kann ein Gast seine Fähigkeiten beim Anzapfen eines Holzfasses unter Beweis stellen.

KONTAKT
Alter Wirt
www.alterwirt.de
Gastgeber: Ulrich Portenlänger
Marktplatz 1
82031 Grünwald
Telefon: 089-6419340

NATURKOSTLADEN „BIOMARKT GRÜNWALD" UNTER LEITUNG DER BIOMARKTGEMEINSCHAFT DIREKT IM ALTEN WIRT.

Der Pschorr

Der Pschorr ist eine Münchner Institution – nicht zuletzt seiner Lage wegen: Das Haus empfängt seine Gäste direkt am Viktualienmarkt, ist ein Nachbar der Schranne und befindet sich damit mitten im kulinarischen Herzen der Stadt. Bei Einheimischen wie Reisenden gleichermaßen beliebt, begegnen sich hier echte Münchner Originale, „Zuagroaste" und internationales Publikum.

Das Team um Küchenmeister Wolfgang Schmidt arbeitet nach dem Vollverwertungsprinzip: Jeder essbare Teil eines geschlachteten Tiers wird mit großem Wissen um alte Kochtraditionen und ebenso viel Kreativität in puren Genuss auf dem Teller verwandelt. Für den Gast bedeutet das ein Widersehen mit alten, fast vergessenen Gerichten wie dem Schmortopf mit Ochsenschwanz oder Kronfleisch.

Als Mitglied in der Genossenschaft „Bayern OX", einem Zusammenschluss Münchner Wirte und oberbayerischer Bauern, fördert Pschorr-Gastgeber Jürgen Lochbihler die heimische Produktion von Premiumrindfleisch. Auch die Spezialität des Hauses, Fleisch vom Murnau-Werdenfelser Rind, kommt aus

der Region. Ausgesuchte Züchter liefern z.B. die Hauptzutat für den Sauerbraten, die geschmorte Ochsenbrust oder die Rinderlende in Kräuterkruste auf sämiger Portweinsoße. Jedes Stück kann von den Köchen und interessierten Gästen lückenlos bis zum jeweiligen Bauern und dem mit viel Zeit aufgezogenen, ausschließlich mit Grünfutter und Getreideschrot gefütterten Tier zurückverfolgt werden.

An die achtzig Mitarbeiter kümmern sich im Pschorr vor und hinter den Kulissen um das Wohl der Gäste. Rustikale Eichenholztische sorgen für Atmosphäre im Wirtshaus. Der festlich arrangierte „Theresiensaal" bietet einen tollen Ausblick auf den Viktualienmarkt und der Biergarten ist für Sonnenhungrige genau das Richtige. Urig geht es im „Holzfassgewölbe" zu. Dort hat man freien Blick auf die Fässer, in denen heute noch das süffige Hacker Pschorr Edelhell mit Stangeneis gekühlt wird.

KONTAKT
Der Pschorr
www.der-pschorr.de
Gastgeber: Jürgen Lochbihler
Viktualienmarkt 15
80331 München
Telefon: 089-442383940

Deutsche Eiche

D er Landgasthof Deutsche Eiche ist ein wahres Schmuck-
stück im Münchner Westen. Über die Jahre immer wieder
modernisiert und erweitert, überzeugt der große Bau mit Eck-
türmchen auch durch seine schönen Gasträume, die sich mit
ihren hohen Decken, der hellen Holzvertäfelung, einem Kamin
oder den Rundbogenfenstern unter urigem Dachgebälk sehen
lassen können. Sebastian Mendel führt das über hundert Jahre
alte Haus bereits in der sechsten Generation.

Ländlich-idyllisch und dennoch verkehrgünstig im Münchner
Westen gelegen, ist die Deutsche Eiche ebenso das Ziel von erholungssuchenden Ausflüglern wie von Besuchern der bayerischen
Hauptstadt oder Geschäftsreisenden, die im Hotel mit gehobenem
Drei-Sterne-Standard in 25 gemütlichen Zimmern übernachten
können. Sie alle kommen schließlich in einer der Gaststuben zusammen, bei bodenständiger, gutbürgerlicher Küche. Beliefert
wird die Kochmannschaft bevorzugt von regionalen Anbietern,
die für Qualität stehen. Saisongerecht bietet die Deutsche Eiche
wechselnde Sonderwochen zusätzlich zur Standardkarte an. Im
September dreht sich z.B. alles um die frischen Schwammerl,

Oberbayern
München

während sich zum Münchner Oktoberfest das bayerische Brauchtum auch auf der Karte niederschlägt. Mit dem Näherrücken des Jahresendes sorgen Wild und Trüffel für den passenden Gaumenschmaus. Wem es die Schmankerl aus der Küche besonders angetan haben, der nimmt sich einfach ein Stück Kochkunst mit nach Hause: Würziges Griebenschmalz oder Bärlauchpesto kann man im schmucken Eichenhaferl kaufen, die hausgemachten Marmeladen gibt es im Glas oder im edlen Stoffsäckchen.

Der große Biergarten macht die Fahrt in den Münchner Westen zu einem sommerlichen Erlebnis. Bis zu 450 Personen finden unter den alten Kastanienbäumen und Eichen Platz. Offenes Feuer und viele Fackeln sorgen für Stimmung und jeden Freitagabend wird man mit Harfen- oder Zithermusik unterhalten. Für die Kinder gibt es einen großen Spielplatz mit Hüpfburg.

KONTAKT
Landgasthof Deutsche Eiche
www.deutsche-eiche-mendel.de
Gastgeber: Sebastian Mendel
Ranertstraße 1
81249 München
Telefon: 089-8649000

FÜR FESTE UND SONSTIGE VERANSTALTUNGEN STEHEN VERSCHIEDENE SEPARATE STUBEN BEREIT.

Löwenbräukeller

Am Münchner Stiglmaierplatz ist der bemalte Turm des Löwenbräukellers von Weitem zu sehen und fast schon ein Wahrzeichen der bayerischen Hauptstadt. Alt genug, um diesen Status zu verdienen, ist das Wirtshaus durchaus: Am 14. Juni 1883 wurde der Keller feierlich eröffnet. Eine regelrechte Sensation war damals der erstmalige Einsatz von Tischtüchern und Servietten.

Die Karte bietet heute noch alles, was man sich von der Küche eines echten Münchner Wirtshauses erwartet. Selbstverständlich sind die frische Zubereitung und der Verzicht auf den Zusatz künstlicher Geschmacksstoffe. Wann immer möglich, wird regional eingekauft. Klassiker wie der ofenfrische Schweinebraten mit Kruste in feinem Kümmeljus werden so zum besonderen Genuss. Ein Steckenpferd der Löwenbräukeller-Küche sind die Sous-Vide Gerichte: Vakuumverschweißt und bei gleichbleibend niedriger Temperatur schonend im Wasserbad gegart, zergeht das Fleisch regelrecht auf der Zunge – die zarte Wildschweinkeule in fruchtiger Braten-Ribisel-Soße mit hausgemachten Orangenspätzle ist der Beweis. Die deftigen Brotzei-

ten isst man am besten im Biergarten, der mit geradezu gewaltigen Dimensionen aufwarten kann: Bis zu tausend Personen finden hier Platz. Im hinteren Teil des berühmten Gartens gilt die alte bayerische Tradition, nach der jeder Gast sein Essen mitbringen und sich selbst versorgen kann. Für alle anderen gibt es eine hochmoderne Selbstbedienungs-Schmankerl-Gasse mit einem umfangreichen Angebot an Speisen. Dazu passt ein frisch gezapftes Bier – die Löwenbräu-Brauerei ist gleich auf der anderen Straßenseite.

Weithin bekannt ist der Löwenbräukeller für seine Feste und Veranstaltungen wie z.B. den Stark-bieranstich mit Kabarettist Christian Springer und die alljährliche „Nacht der Tracht". Im prächtigen Festsaal wird getanzt und von der Hochterrasse aus der wunderbare Blick über den Stiglmaierplatz genossen.

KONTAKT
Löwenbräukeller
www.loewenbraeukeller.com
Gastgeber: Christian Schottenhamel
Nymphenburgerstraße 2
80335 München
Telefon: 089-54726690

ZUM STARKBIERFEST GIBT ES TRIUMPHATOR-BIER UND BAYERISCHES STEINLUPFEN: 508 PFUND MÜSSEN ANGEHOBEN WERDEN!

Paulaner am Nockherberg

Die Paulaner-Brauerei hat mit Sicherheit maßgeblichen Anteil daran, dass München in der ganzen Welt für sein Bier berühmt ist. Der legendäre Starkbierausschank zur Fastenzeit lässt sich auf die Paulaner Mönche im Kloster Neudeck ob der Au zurückführen, die in ihrer Klosterbrauerei spätestens ab 1634 Bier brauten. 1891 wurde die erste Salvatorrede gehalten und seit 1950 ist der Nockherberg der Schauplatz des berühmten Starkbierfestes in der heutigen Form. Die sogenannte „Fünfte Münchner Jahreszeit" wird mit dem traditionellen Politiker-Derblecken eröffnet – wer bei der berühmten Salvator-Probe dabei sein will, braucht eine persönliche Einladung. Für die restliche Starkbierzeit steht der Saal des Paulaner allen Gästen offen. Aber Vorsicht: Der Salvator hat ganze 7,5 Prozent Alkohol, da braucht es eine gute Grundlage.

Küchenchef Andres Geitl, der auch im Wiesnzelt Winzerer Fähndl und der Grünwalder Einkehr für die feinen Speisen verantwortlich ist, sorgt hier für die passenden deftigen Begleiter zum Bier. Bayerische Brotzeiten, verschiedene Schmankerl und innovative Kreationen – beim Paulaner kommt jeder auf seine Kosten. Vom knusprigen Landhendl mit hausgemachtem Kar-

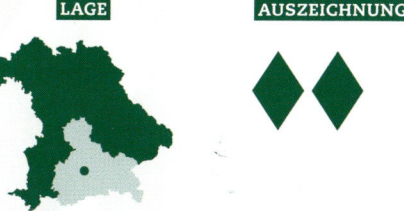

Oberbayern
München

toffelsalat bis zum heiß servierten Kaiserschmarrn mit Zwetschgenröster: Alle Gerichte werden frisch zubereitet und mit einem Lächeln serviert. Die Zeit wird dem Gast dabei in der einladenden Atmosphäre des Paulaner niemals lang. Die geschmackvoll dekorierten Gasträume bieten Platz für mehrere tausend Gäste. Gemütliche Stuben, das behagliche „Kaminzimmer" oder der urige „Salvatorkeller" lassen den Besuch zum Ereignis werden.

Dies gilt auch für den Biergarten, eine Münchner Institution und als einer der großen Gärten der Innenstadt untrennbar mit dem Lebensgefühl der bayerischen Hauptstadt verbunden. Sechs Mal wurde er bei der Umfrage einer Münchner Zeitung von den Lesern zum „Schönsten Biergarten" gekürt. Tradition gehört hier ebenso dazu wie Geselligkeit und Weltoffenheit. Und unterm weiß-blauen Himmel schmecken die bayerischen Schmankerl noch einmal so gut.

KONTAKT
Paulaner am Nockherberg
www.nockherberg.com
Gastgeber: Peter Pongratz
Hochstraße 77
81541 München
Telefon: 089-4599130

17-TÄGIGE STARKBIERZEIT,
MEIST AB ANFANG / MITTE
MÄRZ – NICHT VERPASSEN!

Weisses Bräuhaus München

Wer in München von Biertradition spricht, der denkt wahrscheinlich an das Weisse Bräuhaus im Tal. Nachweislich seit 1540 gibt es die Braustätte im Herzen der bayerischen Hauptstadt, wahrscheinlich ist sie aber noch viel älter. Ehemals als Maderbräu bekannt, ist das Haus seit 1872 im Besitz der Familie Schneider, mittlerweile in der sechsten Generation. Georg Schneider I., der Gründer der Familienbrauerei, gilt als bayerischer „Weißbierpionier". Das urbayerische Gasthaus ist heute eine Münchner Institution und wird im Volksmund auch „Schneider Weisse" genannt – genau wie das Bier, das hier erfunden wurde und nach wie vor ausgeschenkt wird.

Und auch in der Küche wird im Weissen Bräuhaus Münchner Tradition gepflegt: Eine Spezialität des Hauses ist Kronfleisch, nach alten Münchner Rezepten zubereitet. Als Kronfleisch bezeichnet man das Zwerchfell vom Rind, Kalb oder Schwein. Es zählt zu den Innereien und wird meist als Delikatesse mit frischem Kren serviert. In der echt altbayerischen Kronfleischküche werden aber auch andere Innereien genussvoll verwertet: Das „Münchner Voressen" versammelt z.B. süß-sauer zubereite-

te Kalbs- und Schweinslunge sowie Kutteln und Kalbsbries mit Semmelknödeln auf einem Teller. Die Zutaten kommen von ausgewählten Metzgern aus München und dem nahen Umland.

Aber auch wer keine Innereien mag, wird in hier sein Lieblingsessen finden: Die Speisekarte bietet von der Schweinshaxn bis zum knackigen Salat für jeden Geschmack etwas – alles mit ausnahmslos frischen, regionalen Produkten zubereitet. Eier, Gemüse und Kartoffeln werden von heimischen Lieferanten bezogen, mit denen das Wirtshaus eng zusammenarbeitet.

Das Weisse Bräuhaus ist ein beliebter Treffpunkt für Geschäftsleute und Studenten, für Touristen ebenso wie für alteingesessene Münchner. In der urigen Schwemme kommen diese Gruppen alle zusammen, spätestens dann, wenn die Kellnerin mal wieder sagt: „Geh, rutschts a weng zam."

KONTAKT
Weisses Bräuhaus München
www.weisses-brauhaus.de
Gastgeber: Otmar Mutzenbach
Tal 7
80331 München
Telefon: 089-2901380

IM HAUS ERHÄLTLICH: DAS KOCHBUCH ZUR BAYERISCHEN KRONFLEISCHKÜCHE.

Zum Franziskaner

Noch bevor Kolumbus Amerika entdeckte, befand sich der Franziskaner, 1363 gegründet, schon im Herzen München s – in guter Nachbarschaft zum Franziskanerkloster, das bis 1805 auf dem Platz des heutigen Nationaltheaters stand und dem Gasthaus wohl auch seinen Namen gab. Seit 1966 fest in der Hand der Familie Reinbold, sorgen Eduard Reinbold und seine Söhne Ludwig und Mathias heute zusammen mit gut 120 Mitarbeitern und einer 25-köpfigen Küchenbrigade für das Wohl ihrer Gäste. Dass dabei die Qualität nicht auf der Strecke bleibt, beweist die Auszeichnung mit einer Haube des Gault Millau, die der Franziskaner als einzige Großgaststätte Münchens trägt.

In der Residenzstraße mit Blick auf Max-Joseph-Platz und Bayerische Staatsoper treffen sich Kenner gehobener Küche und Liebhaber einer gepflegten, erdigen Brotzeit, lokale und internationale Prominenz, Touristen und Einheimische gleichermaßen. Dem meist beachtlichen Andrang wird man im Franziskaner mit verschiedenen großzügigen Sälen und Stuben Herr. Der „Studentensaal" ist dabei wohl das Highlight des Gasthauses: Mit seinen Marmorböden, edlen Säulen und den hohen Decken

AUSGEZEICHNETE
BAYERISCHE
KÜCHE

bietet er Platz für rauschende Feste. In der Schwemme geht es dagegen, umgeben von viel dunklem Holz, urig zu. Soll es ein etwas intimerer Rahmen sein, stehen drei kleinere Stuben in bayerisch-weiß-blauem Ambiente samt dem edlen „Zirbelstüberl" – komplett mit feinem Zirbelholz ausgekleidet – bereit.

Die Zutaten für die bayerischen Klassiker der Küche kommen direkt vom Münchner Viktualienmarkt oder regionalen Landwirtschaftsbetrieben und Zulieferern, die Wert auf ökologisches Wirtschaften legen. Fleisch- und Wurstwaren werden täglich in der hauseigenen Metzgerei frisch zubereitet. Eine weithin bekannte Spezialität des Hauses ist der Leberkäse, der nach altem Geheimrezept hergestellt und an Spiegelei und lauwarmem Kartoffelsalat serviert wird. Auch die Weißwürste sind vorzüglich, vor allem in Kombination mit dem original Franziskaner Senf.

KONTAKT
Gaststätte Zum Franziskaner
www.zum-franziskaner.de
Gastgeber: Mathias Reinbold
Residenzstraße 9
80333 München
Telefon: 089-2318120

Zum Spöckmeier

Lorenz Stiftl, den Besitzer der Gaststätte Zum Spöckmeier, kennen die Münchner auch vom Oktoberfest – sein kleines Festzelt mit Straßenverkauf „Zum Stiftl" ist auf der Wiesn längst ein Klassiker. Ganzjährig zeigt das Team um die engagierte Wirtsfamilie großes kulinarisches und gastgeberisches Können im Herzen der Münchner Innenstadt, zwischen Marienplatz und Rindermarkt.

Dank hauseigener Metzgerei wird die Küche im Spöckmeier täglich mit besten Münchner Weißwürsten beliefert. Und die kann man donnerstags bis samstags sogar bis 03:00 Uhr morgens genießen. Für Nachtschwärmer und schlaflose Hungrige gibt es täglich ab 22:00 Uhr eine eigene Nachtkarte mit herzhaften Brotzeiten und warmen bayerischen Klassikern. Eine regelrechte Innovation sind die „bayerischen Tapas": Nach spanischem Vorbild werden bekannte Köstlichkeiten in kleinen Portionen angeboten – zum Probieren, als Vorspeise oder für den kleinen Hunger zwischendurch. Von Montag bis Freitag bietet der Spöckmeier ein täglich wechselndes Mittagsmenü und ansonsten eine immer neue Wochenkarte mit saisonalen und re-

AUSGEZEICHNETE
BAYERISCHE
KÜCHE

gionalen Spezialitäten. Zur bayerischen Atmosphäre tragen auch die Bedienungen bei: Sie tragen traditionell Dirndl und Janker.

Mitten drin im täglichen Treiben der Münchner Altstadt sitzt man an den Tischen der Freischankfläche. Innen zeigt sich das 2009 komplett neu gestaltete Wirtshaus freundlich und urig mit heller Holzvertäfelung. In der sogenannten „Schwemme" im Eingangsbereich ist man auch auf eine schnelle „Stehmass" willkommen. Besonders beliebt sind die drei Stüberl des Spöckmeier, die auf Anfrage auch gern für Feiern in geschlossener Gruppe angemietet werden können. Im „Weißwurst Stüberl" im Untergeschoss können bis zu achtzig Personen einen gemütlichen Abend genießen, das „Münchner Kindl Stüberl" und das „Karl Valentin Stüberl" im Obergeschoss bieten bis zu zwanzig bzw. dreißig Personen Platz.

KONTAKT
Traditionswirtshaus
Zum Spöckmeier
www.spoeckmeier.com
Gastgeber: Lorenz Stiftl
Rosenstraße 9
80331 München
Telefon: 089-268088

MONTAGS BIS FREITAGS,
11.00 BIS 15.00 UHR: MITTAGS-
TISCH MIT WECHSELNDEN
BESONDEREN ANGEBOTEN.

Zum Schex

Bis in die zweite Hälfte des 16. Jahrhunderts lässt sich die Geschichte des Gasthauses Schex zurückverfolgen, damals gehörten die Gebäude zum hier ansässigen Chorherrenstift. Noch heute beeindruckt die schwere, spätgotische Balkendecke in der schönen Gaststube. Zu Zeiten des bayerischen Kurfürsten Karl Albrecht wurde in eben dieser Stube Gericht gehalten, woran noch immer eine schmückende Inschrift aus dem Jahr 1756 erinnert. Josef Schex erwarb das Anwesen im 19. Jahrhundert und gab dem Haus seinen Namen.

Seit 120 Jahren ist der Schex nun im Besitz der Familie Silbernagl und die Küche seitdem hochdekoriert: Die Liebe des Chefs zu frischem Fisch und Gemüse, ein besonderes Augenmerk auf der regionalen Herkunft der Zutaten und die schnörkellose, gleichbleibend herausragende Qualität der Speisen waren seit 1985 für die regelmäßigen Erfolge beim Wettbewerb „Bayerische Küche" verantwortlich. Auch der Gault Millau Bayern empfiehlt den Besuch des Schex' unter der Leitung von Anton Silbernagl. Die täglich wechselnde Speisekarte kommt dem Anspruch der Köche, saisongerecht und kreativ zu arbeiten, entgegen.

AUSGEZEICHNETE
BAYERISCHE
KÜCHE

Kalbsbries mit Steinpilzen, Ochsenbacken oder Kalbsfilet mit Trüffelbutter – für maximale Frische bei allen Wurst- und Fleischwaren sorgt die hauseigene Metzgerei. Die Zubereitung von so manch altbayerischem Schmankerl beruht auf über Generationen hinweg gut gehüteten Familienrezepten. Die regelmäßige Schlachtung von Milchkälbern bringt diese alten Küchenschätze unter anderem wieder auf den Tisch, z.B. gefüllte Kalbsbrust. Jeden Freitag gibt es kesselfrische kälberne Weißwürste – ein Geheimtipp für alle Liebhaber der feinen bayerischen Wurst. Mit Steaks kennt man sich im Schex ebenfalls aus: Verwendet wird nur die Lende oder das Filet von bayerischen Ochsen und Färsen, d.h. jungen weiblichen Rindern. Das marmorierte, saftige Fleisch reift mehrere Wochen in speziellen Kühlräumen bis die gewünschte Zartheit und das typische Aroma erreicht sind.

KONTAKT
Gasthaus Zum Schex
www.schex-das-wirtshaus.de
Gastgeber: Anton Silbernagl
Hofmarkstraße 1
84427 St. Wolfgang
Telefon: 08085-205

Hofmeier

In Hetzenhausen im Dreieck München, Freising, Dachau legt man Wert auf die Verbindung von Tradition und Moderne. Schon 1927 kam das damalige Wirtshaus in die Hände der Familie Hofmeier, die es bis heute mit Leidenschaft, Einsatz und im Bewusstsein ihrer reichen gastronomischen Vergangenheit führt. Nichtsdestotrotz hielt die Moderne zunächst 1988 mit einem kompletten Neubau des Gasthofs Einzug, 2002 kam schließlich das Landhotel mit 55 Gästezimmern und einer Hochzeits-Suite dazu.

Stolz ist man in der Küche auf die Wildspezialitäten, die dank hauseigenem Damwild-Gehege ganzjährig frisch auf den Tisch kommen. Eine spezielle Wildkarte präsentiert die Gaumenkitzler im besten Gewand: Die rosa gebratenen Hirschlendchen auf Zartbitter-Schokoladensoße mit Rosenkohl und Schupfnudeln dürften ebenso ihre Liebhaber finden wie das am Spieß gebratene Hirschfilet mit Holundersoße, Butterspätzle und Salat. Wann immer möglich, werden zur Zubereitung der gutbürgerlichen, saisonal wechselnden Speisen Produkte aus der eigenen Landwirtschaft verwendet. Am morgendlichen

AUSGEZEICHNETE
BAYERISCHE
KÜCHE

Frühstücksbuffet sollte sich der Übernachtungsgast nicht die hausgemachten Marmeladen aus Früchten eigener Obstbäume und Beerensträucher entgehen lassen.

Architektonisch begeistert der neu an den Landgasthof angebaute Wintergarten: Glasdach und Glasfassaden erlauben auf 180 Quadratmetern einen wunderbaren Blick in die umgebende Natur. Der bei Tag lichtdurchflutete, bei Nacht charmant erleuchtete Bau wird gern als Festsaal genutzt und bietet dazu Künstlern für Veranstaltungen aller Art eine passende Bühne. Die angrenzende Terrasse und der große Wirtsgarten fangen im Sommer die letzten Sonnenstrahlen ein, während im Souterrain die urige Weinstube zu langen Abenden einlädt. Die hellen und modern ausgestatteten Seminarräume bieten den idealen Rahmen für Schulungen, Besprechungen und Tagungen.

KONTAKT
Hotel Landgasthof Hofmeier
www.hotel-hofmeier.de
Gastgeber: Franz Xaver Hofmeier
Hauptstraße 6a
85376 Hetzenhausen
Telefon: 08165-800690

BRANDNEU: HOFEIGENE EDELBRAND-MANUFAKTUR MIT AUSSCHANK UND VERKAUF.

Euringer

Im Laufe von fast einem ganzen Jahrhundert wurde aus der urigen Dorfwirtschaft von Oberstimm zuerst ein Gasthof mit hauseigener Metzgerei und kleiner Übernachtungsmöglichkeit, bevor die dritte Generation das Haus zum einladenden Drei-Sterne-Hotel mit Restaurant und Biergarten ausbaute. Benjamin Reichler, Urenkel des ersten Euringer-Wirts, hat nach seinen Lehr- und Wanderjahren im In- und Ausland als Küchenmeister den Weg zurück an den heimischen Herd gefunden.

Deftige bayerische Schmankerl schmecken in Wirtsstube, Festsaal und „Ignazstüberl" ebenso gut wie die feinen Menüs, die der junge Chef aus hochwertigen Produkten der Region zusammenstellt und zubereitet, z.B. hausgeräucherte Entenbrüstchen auf Preiselbeer-Senfsoße, gefolgt von Krustenbraten an Dunkelbiersaft und zum Abschluss ein karamellisierter Mandelschmarrn mit Rotweinzwetschgen. Für den kleinen Hunger oder die Erfüllung fleischloser Gelüste sind die hausgemachten gebackenen Kartoffelkrapfen mit würziger Obazdenfüllung eine gute Wahl. Ergänzt wird die Standardkarte durch den sogenannten „Kulinarischen Kalender", der den saisonalen Besonderheiten der re-

AUSGEZEICHNETE
BAYERISCHE
KÜCHE

gionalen Küche und der bayerischen Verbindung von Festen mit traditionellen Festspeisen Rechnung trägt. Bei den Lieferanten setzt man ganz auf Transparenz, von der Fischzucht bis zum Gemüsebauer werden sie in der Speisekarte aufgeführt.

Im Euringer kommt alles zusammen: Gastlichkeit, Gemütlichkeit und Wirtshauskultur. Die Übernachtung in einem der 37 modernisierten Zimmer bietet sich besonders im Sommer an. Jedes Jahr zieht der berühmte Barthelmarkt Ende August zahlreiche Besucher ins sonst beschauliche Manching-Oberstimm. Der jahrhundertealte Pferde- und Viehmarkt – mittlerweile nicht nur zum Gaudium der jüngeren Generation um Festzelte, Fahrgeschäfte und Einkaufsgassen erweitert – öffnet seine Pforten traditionell am Montagmorgen mit dem Sonnenaufgang um 6:00 Uhr früh.

KONTAKT
Hotel Landgasthof Euringer
www.hotel-euringer.de
Gastgeber: Benjamin Reichler
Manchinger Straße 29
85077 Manching-Oberstimm
Telefon: 08459-33250

IM JULI UND AUGUST LAUTET DAS MOTTO „STARS AND STRIPES" MIT ORIGINALEN DINER-SPEZIALITÄTEN AUS DEN USA.

Köschinger Waldhaus

Seit über achthundert Jahren ist der Köschinger Forst, eines der größten zusammenhängenden Waldgebiete des Freistaats Bayern mitten im Naturpark Altmühltal, im Besitz der Wittelsbacher. Es lohnt sich, kurz vor dem Wallfahrtsort Bettbrunn einen Abstecher ins Grüne zu machen: Eine breite Allee, gesäumt von majestätischen Buchen, führt den Besucher zielsicher zur 2008 modernisierten und erweiterten Waldschenke, dem Köschinger Waldhaus.

Familie Rühl empfängt ihre Gäste mit traditioneller bayerischer Wildküche. Die dem Gasthaus angeschlossene Metzgerei verarbeitet ausschließlich bestes Wildbret aus den alten Jagdrevieren des Köschinger Forsts und Fleisch von streng ökologisch wirtschaftenden Bio- und Naturlandhöfen. Spezialitäten wie Wildschinken oder Wildsalami finden sich auf der Speisekarte und können auch in der Metzgerei erworben werden. Eine kleine eigene Landwirtschaft steuert Freiland-Eier und Obst nach Saison bei. Selbst mit dem Naturland- und Bio-Zertifikat ausgezeichnet, kommen Chef Uwe Rühl nur Produkte von Lieferanten in die Küche, die seine hohen Standards mittragen.

AUSGEZEICHNETE
BAYERISCHE
KÜCHE

Aus Überzeugung hat sich die Wirtsfamilie der Slow Food-Bewegung angeschlossen. Dieser Pflege heimischer Kochkultur, dem bewussten Genuss, ist man als Gast im Waldhaus mit so mancher Köstlichkeit auf der Spur. Die Medaillons vom Reh in Wildkräuterkruste werden wunderbar von einem der ausgewählten Bio-Weine begleitet, zum pikanten Wildschweingulasch passt ein kühles Bier der Kaltenberger König Ludwig Brauerei. Für fleischlose Gaumenfreuden ist ebenso gesorgt wie für alle Naschkatzen: Kuchen und Torten gibt es täglich frisch aus dem Ofen.

Gemütlich speisen, festlich tafeln und feiern – in der Gaststube, dem „Jagdstüberl" oder dem „Hubertussaal" mit eigener Terrasse findet jeder seinen liebsten Platz. Im Waldgarten schmecken die deftigen Brotzeiten besonders gut. Kinder freuen sich über den schönen Waldspielplatz und das Schaugehege mit Dam- und Schwarzwild.

Köschinger Waldhaus
www.koeschinger-waldhaus.de
Gastgeber: Familie Rühl
Waldhausstraße 2
85092 Kösching
Telefon: 08405-924920

FÜR ALLE BEGEISTERTEN HOBBYKÖCHE WERDEN KOCHKURSE ANGEBOTEN.

Stark

Im Städtedreieck Eichstätt, Neuburg und Ingolstadt liegt das Gasthaus Stark im schönen Schuttertal. Seit über hundert Jahren im Besitz der Familie, wird es in mittlerweile vierter Generation von Küchenchef Josef Stark geführt.

Die Starks haben sich dem Slow Food, dem sorgfältigen und genussvollen Umgang mit Lebensmitteln, verschrieben und achten bei der Herkunft ihrer Produkte auf Regionalität und artgerechte Tierhaltung. Der Speisekarte kann jeder interessierte Gast genau entnehmen, von welchen Lieferanten die Zutaten für die traditionell bayerische Küche mit Pfiff stammen: Fisch aus der Regelmannsbrunner Zucht Martin Lang, Käse von der Schönegger Alm im Allgäu oder Fleisch von achtsam ausgewählten Naturlandbetrieben der Umgebung. Enten werden sogar auf dem eigenen Hof mit bestem Futter und viel Auslauf aufgezogen. Dass auch der passende Gerstensaft zum Essen von den heimischen Brauereien Hofmühl in Eichstätt und Gutmann in Titting geliefert wird, versteht sich von selbst.

Nachhaltig zu wirtschaften, ist der Wirtsfamilie ein Anliegen. Dies hört nicht bei der Verwendung regionaler Zutaten

auf, sondern schließt auch die Nutzung von Sonnenenergie und Wärmerückgewinnung mit ein: Ein Betrieb mit ökologischem Gewissen.

Bayerisches Brauchtum findet sich im Jahreslauf auch in der Küche der Starks wieder. So wird von Aschermittwoch bis Karfreitag zum traditionellen Fischessen geladen oder im Sommer die Kirchweih mit der dazugehörigen Ente gefeiert – schöne Bräuche werden hier mit kulinarischem Genuss verbunden. Die Räumlichkeiten des Gasthauses Stark bieten für jeden etwas. Mehrere holzvertäfelte Stuben laden zu gemütlichem Verweilen ein, während der Festsaal in der ehemaligen Ochsenstallung mit einem wunderschönen Kappengewölbe aus dem 17. Jahrhundert begeistert. Eine „gläserne" Küche erlaubt es dem Gast, dem Küchenteam bei der Arbeit über die Schulter zu schauen.

KONTAKT
Gasthaus Stark
www.gasthaus-stark.de
Gastgeber: Angela u. Josef Stark
Dorfstraße 17
85128 Wolkertshofen
Telefon: 08424-485

VON ENDE APRIL BIS MITTE JUNI GIBT ES FOLIENFREI ANGEBAUTEN SCHROBEN-HAUSENER SPARGEL.

Geyer

Das Altmühltal hat eine besondere kulinarische Spezialität zu bieten: feines Lamm. Das regionale Landschaftsschutzprojekt „Altmühltaler Lamm", ein Zusammenschluss engagierter Schäfereibetriebe, Direktvermarkter, Metzger und Gastronomen, hat sich der Unterstützung und Erhaltung der traditionellen Schäferei und der Aufrechterhaltung und Kontrolle der hohen Qualitätsstandards von Fleisch und Wolle verschrieben. Wer ein gutes Lammgericht zu schätzen weiß, ist im Landhotel Geyer – Träger des Qualitätssiegels „Altmühltaler Lamm" – genau richtig.

Das Landhotel mit Restaurant wird seit acht Generationen von der Familie Geyer geführt, die somit mehr als dreihundert Jahre Erfahrung in der Bewirtung ihrer Gäste vorzuweisen hat. Ehemals eine einfache Bauernwirtschaft, wurde der Gasthof stets erweitert und gehört heute mit seinem hervorragenden Vier-Sterne-Hotel zu den besten Adressen der Region. Das Team um Küchenchef und Inhaber Johann Geyer widmet sich neben deftigen bayerischen und fränkischen Schmankerln auch gerne der leichten Fitness-Kost. Dafür sprechen nicht nur das überwäl-

tigende Salatbuffet, sondern auch die teilweise ausgefalleneren Variationen regionaler Klassiker.

Die Karte wechselt täglich, wobei sich der eher traditionell eingestellte Gourmet jeden Sonntag auf einen Braten freuen kann. Eine Spezialität ist das „Schäferpfandl": Zarte Lammhaxe, würziges Lammkotelett und gefüllter Lammbraten treffen in einer gusseisernen Pfanne aufeinander. Doch nicht nur das beliebte Lammfleisch kommt direkt aus dem Altmühltal – die Angus-Rinder liefert z.B. der Schmiedebauernhof aus Enkering. Schweine werden im eigenen Stall aufgezogen und auch das Obst wird im Hausgarten geerntet.

Im Hotel findet der Gast neben wohnlichen Zimmern alles, was man für einen erholsamen Aufenthalt braucht. Aus dem Hallenbad mit Kneippbecken geht es in die Bio-Heusauna; in der Lounge lässt man den Tag gemütlich ausklingen.

KONTAKT
Landhotel Geyer
www.landhotel-geyer.de
Gastgeber: Johann Geyer
Alte Hauptstraße 10
85110 Kipfenberg-Pfahldorf
Telefon: 08465-1730630

OMAS HAUSGEMACHTER APFELSTRUDEL IST EINE SÜSSE SÜNDE WERT.

Wagner

Slow Food heißt im Landgasthof Wagner: „Wissen, was man isst." Denn Genuss entsteht nur in einer Umgebung, in der die Kultur von gutem Essen und Trinken gepflegt und gelebt wird – wie in Kinding am Flüsschen Altmühl. Wer im nahen Altmühltal wandern, klettern, mit dem Rad unterwegs sein oder sogar segelfliegen will, bucht eines der 25 Zimmer, die den Übernachtungsästen im Landgasthof zur Verfügung stehen.

Bewusst und sorgfältig ausgewählte Produkte in Kombination mit perfekt beherrschtem Handwerk sind der Grundstein für die kulinarischen Glanzpunkte aus der Küche von Gastgeber Michael Wagner. Der Werdegang des jungen Küchenmeisters ist ansehnlich: Vom Herd zweier Fünf-Sterne-Hotels wechselte er als Souschef in die Küche des mit zwei Gault Millau-Hauben ausgezeichneten Georg Zottl bevor er sich für den eigenen Gasthof entschied. Heute, sagt er, bereite er seine Gerichte mit „einer Portion Fantasie, einem Stück Raffinesse und einer Prise Besonderheit" zu. Die Förderung von verantwortungsvoller Landwirtschaft und Fischerei wie artgerechter Viehzucht und die Bewahrung der regionalen Geschmacksvielfalt sind dabei

Ehrensache. Zudem wird im Landgasthof ganz auf Transparenz gesetzt: Die Speisekarte zeigt an, wo die Produkte herkommen. Entdeckt der Gast neben dem Gericht seiner Wahl das Bild eines Ammoniten – ähnlich einer Muschel – auf gelbem Grund, dann stammen z.B. die Zutaten für die geschmorte Rinderschulter vom Aberdeen Angus Bio-Rind an Rotweinsoße, Kartoffelknödel und Salat sämtlich aus dem Naturpark Altmühltal.

Eine Spezialität des Hauses sind die fangfrischen Fische. Aus der biologischen Quellwasseraufzucht der Fischzucht Ullermann kommend, tummeln sie sich bis zur Zubereitung in einem Kalter vor dem Haus. Im Ganzen gebraten, blau, in der Folie gegart oder als Filet: Die Forellen, Saiblinge und Karpfen sind eine wahre Delikatesse. Die hauseigene Räucherkammer sorgt dazu für Schinken und Bratwürste wie zu Omas Zeiten.

KONTAKT
Landgasthof Wagner
www.landgasthof-wagner.de
Gastgeber: Michael Wagner
Unteremmendorf 5
85125 Kinding
Telefon: 08467-279

IM NAHE GELEGENEN STEIN-
BRUCH IN EICHSTÄTT WURDE
DER URVOGEL ARCHÄOPTERYX
ENTDECKT.

Der Millipp

Der Name des Gasthofs Millipp erklärt sich aus der Geschichte der Wirtsfamilie Walthierer: 1401 nach Beilngries übergesiedelt, vermehrte und verzweigte sich die Familie – fast allesamt schon immer als Metzger und Gastronomen tätig – mit den Jahren immer weiter, bis es notwendig wurde, die einzelnen Gasthöfe mit Eigennamen zu versehen, um sie unterscheiden zu können. Damaliger Besitzer des heutigen Wirtshauses war ein Stadtbauer mit Namen Miller Philipp und so wurde das 1458 errichtete Gebäude auf den Namen Millipp getauft. Das wunderschöne, denkmalgerecht renovierte Fachwerkhaus gehört heute in sage und schreibe 14. Generation der Familie Walthierer und beherbergt neben dem Restaurant auch ein Romantik Hotel und eine Metzgerei.

Die Küche des Millipp setzt auf Ehrlichkeit. Typisches aus der Region, in Perfektion mit besten Zutaten und nach traditionellen Rezepten zubereitet, ergibt eine Auswahl raffinierter Gerichte. Fast vergessene heimische Kräuter verleihen den Speisen dabei einen unverwechselbaren Geschmack. Neben den bayerischen Klassikern sorgen mediterrane Kreationen für leichte Alternati-

ven – für jeden Feinschmecker ist etwas dabei. In der hauseigenen Metzgerei ist man wie im Restaurant stolz auf die über fünfhundertjährige Tradition des Hauses. Die alten Familienrezepte leben in der Herstellung der Millipp'schen Fleisch- und Wurstspezialitäten weiter. Einige der Delikatessen – Bauernbratwurst, Jagd- oder Bayerische Bierwurst – kann man sich auch bequem per Post nach Hause liefern lassen.

Das Millipp Romantik Hotel verspricht modernsten Komfort in geschichtsträchtigen Mauern. Die insgesamt 22 Zimmer wurden 2003/2004 renoviert, wobei besonderer Wert auf den Erhalt der historischen Details gelegt wurde – jedes Zimmer ist ein Unikat. An schönen Tagen wissen die Gäste den Biergarten zu schätzen. Dazu ist im lauschigen Innenhofgarten Platz für ein genussvolles Essen, das Feierabendbier samt Brotzeit oder Feiern in kleiner wie großer Runde.

KONTAKT
Gasthof Der Millipp
www.der.millipp.de
Gastgeber: Familie Walthierer-Celler
Hauptstraße 9
92339 Beilngries
Telefon: 08461-1203

TÄGLICH WIRD ZUM WEISS-WURST-FRÜHSCHOPPEN GELADEN, SONNTAGS GIBT ES OFENFRISCHE BRATEN.

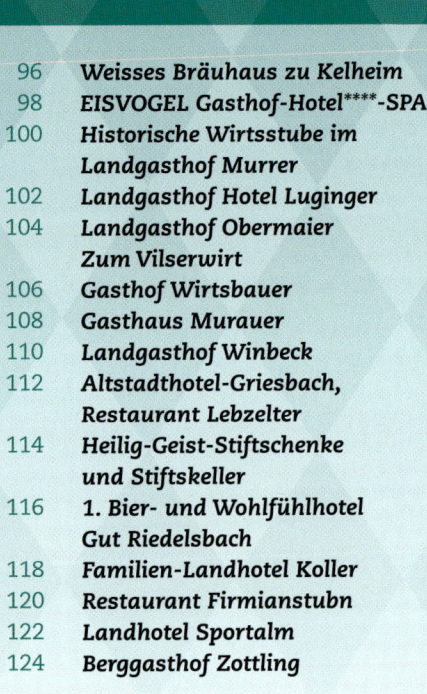

Niederbayern

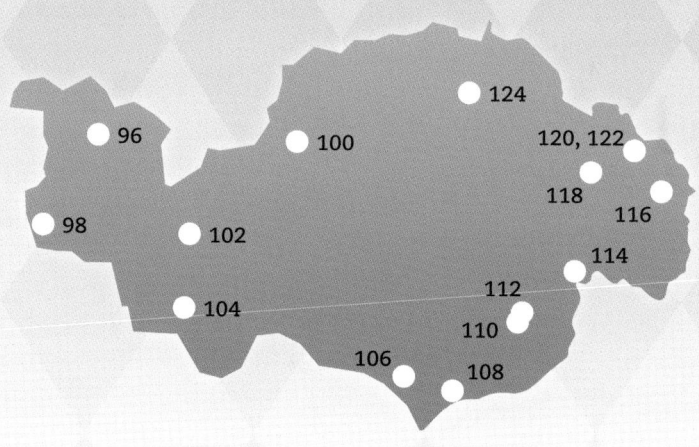

96
98
100
102
104
106
108
110
112
114
116
118
120, 122
124

Weisses Bräuhaus zu Kelheim

In früheren Zeiten war das Weißbiertrinken ein Privileg des Adels und der höheren Stände. Begehrt war das nach obergärigem Brauverfahren erzeugte „adlige" Bier aber freilich in allen Bevölkerungsschichten – denn schon immer orientierte sich das Volk am Geschmack und an den Moden der „Großkopferten". Die Herstellung und der Vertrieb von Weißbier war in Bayern über Jahrhunderte hinweg das alleinige Recht einer einzigen Adelsfamilie, nämlich der Degenberger aus Bogen. Durch Erbschaft fiel das sogenannte „Weißbierregal", also das Recht Weißbier zu brauen, im frühen 17. Jahrhundert an Herzog Maximilian I., den späteren Kurfürsten Bayerns. Dieser gründete daraufhin im ganzen Land zahlreiche herzogliche Weißbierbrauereien, die erste im Jahre 1607 in Kelheim. Und genau diese Brauerei kam 1928 in den Besitz der Brauersfamilie Schneider aus München.

Der Zweite Weltkrieg hatte das ehemals Kurfürstliche Weiße Hofbräuhaus in Kelheim vor Zerstörung verschont und da die amerikanischen Besatzer Gefallen am Weißbier fanden, erteilten die der „Brauerei G. Schneider & Sohn" bereits vier Monate

AUSGEZEICHNETE
BAYERISCHE
KÜCHE

nach Kriegsende eine Sondererlaubnis zur Wiederaufnahme der Produktion. So wurde Kelheim zur Produktionsstätte für die berühmte „Schneider Weiße" und die prickelnde obergärige Bierspezialität schnell zum Modegetränk der Wirtschaftswunderzeit.

Bis heute verbindet das Weisse Bräuhaus in Kelheim höchst erfolgreich Tradition und Moderne, nicht nur mit seinem stilvollen Ambiente im wunderschönen historischen Gebäude der ältesten Weißbierbrauerei Bayerns. In der Küche werden frische Erzeugnisse aus der Region verarbeitet. Die wechselnde Tageskarte bietet Schmankerl der Saison wie Spargelgerichte oder Wild- und Schwammerlspezialitäten aus heimischen Wäldern. Leichte Salate und vielseitige vegetarische Köstlichkeiten erfreuen die zahlreichen Gäste ebenso wie Klassiker der bayerischen Küche von der Weißwurst bis zum Spanferkel.

KONTAKT
Weisses Bräuhaus zu Kelheim
www.weisses-brauhaus-kelheim.de
Gastgeber: Thomas Wieser
Emil Ott Straße 3
93309 Kelheim
Telefon: 09441-3480

ELTERN VERSUCHEN EIN SPIEL AUF DER HISTORISCHEN KEGELBAHN, WÄHREND FÜR DEN NACHWUCHS PROFESSIONELLE KINDERBETREUUNG ANGEBOTEN WIRD.

Eisvogel

Drei Generationen der Familie Zettl samt Familienhund Anton kümmern sich im Gasthof Eisvogel mit Hotel persönlich um das Wohl der Gäste. Im Vordergrund steht dabei immer herzliche Gastfreundschaft. Der Gasthof liegt direkt am Fluss Abens mit Blick auf den eigenen Hausweiher.

Die Eisvogel-Wirtschaftszeitung, die Speisekarte der mehrfach ausgezeichneten Küche, wechselt im vierteljährlichen Rhythmus und bietet neben festen Klassikern saisonale Köstlichkeiten: Die sonnengereiften Erdbeeren und das edle Stängelgemüse, der Abensberger Spargel, kommen im Frühsommer sogar vom eigenen Hof. Das ganze Jahr hinweg gehören Spazialitäten wie das Hausschnitzel mit würziger Senf-, Meerrettich- und Brezenbröselpanade oder die Fischvariationen aus heimischen Gewässern zu den beliebten Dauerbrennern – ein Geheimtipp ist die Brezensuppe mit Weißwein. Wer zum Kaffee im Eisvogel einkehrt, sollte unbedingt die köstlichen Kuchen probieren, die von Seniorchefin Hermine täglich frisch gebacken werden.

In den verschiedenen Gaststuben findet sich der perfekte Rahmen für jede Art von Einkehr oder Feierlichkeit. Im „Herrgotts-

AUSGEZEICHNETE
BAYERISCHE
KÜCHE

winkel" speist man zu viert in privater Runde, während die große „Bayernstube" Festgesellschaften einen schönen Rahmen bietet. Die „Kachelofenstube" heißt allen Gästen zur kalten Jahreszeit mit gemütlichen Plätze am wärmenden Kamin ein. In den Sommermonaten sitzt man entspannt unter Kastanien im Biergarten.

Zum erstklassigen Restaurant gesellt sich ein Vier-Sterne-Hotel, das nicht nur Urlauber, sondern auch Tagungsgäste in ansprechendem Ambiente willkommen heißt. Das großzügige Eisvogel-Spa erstreckt sich über 1.600 Quadratmeter und steht für Wellness vom Feinsten mit Schwimmbad, Saunalandschaft und Fitnessraum. Die Anwendungspalette reicht von klassisch medizinischen Behandlungen mit den Bad Gögginger Heilmitteln Schwefel und Moor bis hin zu original „Hopfenwell"-Anwendungen mit frischem Hallertauer Hopfen.

KONTAKT
EISVOGEL
Gasthof-Hotel****-SPA
www.hotel-eisvogel.de
Gastgeber: Familie Zettl u. Feldmann
An der Abens 20
93333 Bad Gögging
Telefon: 09445-9690

KULINARISCHE HIGHLIGHTS:
THEMEN-MENÜS MIT KORRES-
PONDIERENDEN GETRÄNKEN
WIE Z.B. „BIER & GENUSS",
„SPARGEL-GOURMET" ODER
„WILD & WEIN".

Murrer

Im Zentrum des Straubinger Gäubodens, einem äußerst fruchtbaren Lössboden-Streifen südlich der Donau, liegt der Landgasthof Murrer, bereits 1764 erstmals als Landwirtschaft mit Schankrecht erwähnt. 1902 erwarben die Vorfahren der heutigen Wirtsleute den Hof. Familie Murrer baute das Anwesen über die Jahre immer weiter aus und um, bis es zu dem wurde, was es heute ist. Den urigen Landgasthof mit exzellenter Küche und gemütlichen Zimmern führt das Ehepaar Ludwig und Anja in mittlerweile vierter Generation.

Küchenmeister Ludwig Murrer ist ein überzeugter Anhänger der Slow Food-Bewegung: „Nur langsam kann man genießen." Das Sich-Zeit-Nehmen für das Besondere, für die Esskultur und Vielfalt der Lebensmittel wird in Aiterhofen kulinarisch zelebriert und mit dem Einsatz für Nachhaltigkeit und Naturschutz verbunden. Beim Murrer kommen alle Produkte von heimischen Erzeugern, beim Fleisch wird auf artgerechte, gentechnikfreie Aufzucht der Tiere geachtet. Hier ist alles hausgemacht, sogar seine Gewürze mischt der Küchenchef selbst zusammen.

AUSGEZEICHNETE
BAYERISCHE
KÜCHE

Aus diesen hochwertigen Zutaten entstehen in Ludwig Murrers Töpfen und Pfannen raffinierte, überwiegend der altbayerischen Tradition verpflichtete Gerichte wie eine Emmer-Biersuppe mit Kraut und Majoran und der berühmte Braten vom Hällischen Schwein auf Wurzelgemüse. Vom Straubinger Flussfischer Mayer schmeckt der Waller besonders gut. Dazu lässt der Chef gerne Anregungen aus seinen Lehrjahren einfließen, den Kochlöffel schwang er unter anderem in der Schweiz, in London und auf den Sieben Weltmeeren. Dies spiegelt sich auch auf der täglich wechselnden Karte.

Neben dem Restaurant bietet das Drei-Sterne-Landhotel 24 gemütliche Zimmer und ist als ausgezeichnetes Tagungshotel bekannt. Im August lohnt sich ein Besuch zum bekannten Gäubodenfest in Straubing – das Volksfest heißt nicht umsonst „a Trumm vom Paradies".

KONTAKT
Historische Wirtsstube im
Landgasthof Murrer
www.murrerhof.de
Gastgeber: Ludwig Murrer jun.
Passauerstraße 1
94330 Aiterhofen-Straubing
Telefon: 09421-99430

REGIONALE KOCH- UND
GRILLKURSE MIT KÜCHEN-
CHEF LUDWIG MURRER:
BEGEISTERTE HOBBYKÖCHE
SICHERN SICH IHREN PLATZ!

Luginger

Der Landgasthof Luginger steht auf historischem Boden: Die Geschichte des Anwesens „Mirskofen Haus 22" kann bis ins Jahr 1464 zurückverfolgt werden. 1875 wurde aus dem Hof eine Gastwirtschaft, die ungebrochen in Familienhand verblieb und 1979 von den jetzigen Wirtsleuten übernommen wurde. Georg und Marita Luginger führen ihren Landgasthof mit Hotel seitdem mit viel Engagement und einem Auge auf der reichen Vergangenheit ihres Hauses. Hier werden Traditionsverbundenheit und bayerische Gemütlichkeit mit modernem Komfort verbunden.

Die bodenständige Küche ist ganz auf gutbürgerliche Klassiker ausgelegt: Tafelspitz und Zwiebelrostbraten, Zanderfilet und Schweinelendchen kommen auf den Teller. Tages-, Wochen und Sonntagskarte sorgen dabei für viel Abwechslung, genau wie die umfangreiche Brotzeitkarte, die je nach Gusto warme und kalte Gerichte für den kleinen oder größeren Hunger anbietet. Die Zutaten stammen unter anderem vom eigenen Landwirtschaftsbetrieb der Lugingers. Was nicht selbst produziert werden kann, wird von heimischen Erzeugern zugekauft.

AUSGEZEICHNETE
BAYERISCHE
KÜCHE

Die Frische der Lebensmittel überzeugt auch beim reichhaltigen Frühstücksbuffet, das den Hotelgästen nach einer erholsamen Nacht angeboten wird.

Der Luginger ist Mitglied der Vereinigung „Musikantenfreundliches Wirtshaus", d.h. das Musizieren im Wirtshaus – gerne ohne Programm, spontan und von Laienmusikern aus der Laune des Abends heraus – wird hier mit Begeisterung gefördert. Gäste können sich also auf so manchen musikalischen Abend in der urigen Stube freuen. Dazu dient der Landgasthof hin und wieder auch als Bühne für Theateraufführungen. Im schönen Festsaal können bis zu fünfhundert Personen feiern, vor allem für seine Hochzeiten ist der Gasthof bekannt. Im Sommer ist der Biergarten die ideale Anlaufstelle für alle Ausflügler und Sonnenhungrigen der Region.

KONTAKT
Landgasthof Hotel Luginger
www.luginger.de
Gastgeber: Georg Luginger
Obere Sendlbachstraße 11
84051 Mirskofen
Telefon: 08703-93300

SPARGELWOCHEN VON MITTE
APRIL BIS JOHANNI: FRISCHER
ALTHEIMER SPARGEL VON DEN
FELDERN DER VERWANDTSCHAFT.

Obermaier Zum Vilserwirt

Im September 1902 lud Georg Obermaier einst zur großen Lokaleröffnung und Einstandsfeier seines Landgasthofs Zum Vilserwirt ein. Seit 2002 – genau hundert Jahre später – haben nun Enkel Georg und dessen Sohn Thomas die Geschäftsführung inne und sorgen persönlich für das Wohlergehen ihrer Gäste. Genuss, Entspannung, Qualität und Gastlichkeit: Diese Werte wurden über die Zeit hinweg bewahrt und auch heute noch arbeitet der Familienbetrieb unter dieser Maxime.

Küchenchef Thomas Obermaier setzt am Herd auf eine ausgewogene Mischung regionaler und internationaler Spezialitäten. Für jeden Geschmack hat er die passende Köstlichkeit parat. Die bewährten Rezepte der Oma machen dazu alle Kuchen, Torten und süßen Mehlspeisen zum besonderen Genuss: Apfelstrudel, „Auszog'ne", Apfelküchlein oder Zwetschgendatschi warten nur darauf, von allen Süßschnäbeln verspeist zu werden. Am ersten Sonntag eines jeden Monats lockt ein ausgedehnter Brunch die Gäste nach Altfraunhofen und von Oktober bis April sollte man das Schlachtschüssel- und Mehlspeisenbuffet nicht verpassen.

AUSGEZEICHNETE
BAYERISCHE
KÜCHE

Auf die Herkunft der verwendeten Produkte hat man beim Vilserwirt ein genaues Auge. Qualität ist hier transparent und so kann jeder Gast, der Wert auf besondere Information legt, mithilfe der Speisekarte nachlesen, dass z.B. das Wild aus heimischer Jagd stammt und die Karotten auf den nahen Feldern des Bauern Huber-Eck gewachsen sind.

Der Vilserwirt wurde im Mai 2013 um ein Hotel ergänzt und bietet seitdem komfortable Übernachtungsmöglichkeiten im Drei-Sterne-Superior-Bereich und einen Tagungsbereich. Im Neubau trifft Moderne auf Tradition: Die Lobby glänzt mit einem verglasten Kamin und auch der puristisch-elegante Frühstücksraum kann sich sehen lassen. Die Zimmer und Suiten sind in edlen Erdtönen gehalten. Ein Wellness-Bereich lädt zum Entspannen ein und vervollständigt das Wohlfühl-Paket.

KONTAKT
Landgasthof Obermaier
Zum Vilserwirt
www.vilserwirt.de
Gastgeber: Familie Obermaier
Hauptstraße 19
84169 Altfraunhofen
Telefon: 08705-1251

FÜR FEIERN IN GROSSER RUNDE BIETET DER FESTSAAL PLATZ FÜR BIS ZU 350 PERSONEN.

Wirtsbauer

D er Gasthof Wirtsbauer liegt idyllisch im niederbayerischen Land, inmitten von grünen Wiesen, und ist seit 1929 im Besitz der Familie Bauer. Ein Radweg führt direkt am Wirtshaus vorbei und macht den Hof zum perfekten Zwischenstopp auf dem sonntäglichen Radelausflug.

Der Wirtsfamilie Bauer liegt die moderne und auch gesundheitsbewusste bayerische Küche am Herzen: Nur die frischesten Zutaten werden aroma- und vitaminschonend zubereitet. Den besten Überblick über die leichten ländlichen Klassiker hat der Gast dabei am „Schmankerlbuffet" oder am sonntäglichen Mittagstisch „Leichte Welle". Die Wirtsleute achten dabei genau auf die Herkunft der verwendeten Produkte: Landwirte aus der direkten Umgebung liefern z.B. das zarte Rind- und Kalbfleisch.

Bekannt ist das Gasthaus für seine Themenessen: Gänse und Enten sorgen nicht nur in der Vorweihnachtszeit für Genuss in geselliger Runde, beim zünftiges Raclette im „Kaibestoi" gilt All-you-can-eat und zum „Wolperdinger Essen" mit Schweinebraten, Hachsen, Ripperl und Surbraten gibt es auf Wunsch ein Fass Bier, an dem die flüssige Begleitung zum Essen selbst ge-

zapft werden darf. Zusätzlich wird auch noch ein Catering- und Partyservice angeboten, der für die Bewirtung bei Firmenfesten und privaten Feiern sorgt, Anrichten und Servieren inklusive.

Für Ausflügler jeder Art ist der Wirtsbauer der ideale Brotzeit-Stopp, auch größere Reisegruppen werden ausgezeichnet bewirtet. Im kleinen Saal für bis zu achtzig Personen wird gerne eine eigene Speisekarte für die Gäste zusammengestellt. Planung, Ausrichtung und kulinarische Begleitung von Hochzeiten ist eine Spezialität des Gasthauses. Von der Bühne im großen Saal aus können Musiker den tanzfreudigen Gästen ordentlich einheizen und das traditionelle Brautverziehen wird im rustikalen „Weinstadl" ein feucht-fröhlicher Jux. Die Gaststube mit Kachelofen und historischer Seitenholzverkleidung strahlt Gemütlichkeit aus. Im Sommer ist der Biergarten mit Spielplatz für die kleinen Besucher ein Muss.

KONTAKT
Gasthof Wirtsbauer
www.gasthof-wirtsbauer.de
Gastgeberin: Brigitte Bauer-Stockner
Langeneck 2
84367 Tann
Telefon: 08561-1005

Murauer

Das Gasthaus Murauer liegt in Simbach im tiefsten Niederbayern, einer Region, die eher für deftige Speisen und ordentliche Fleischportionen bekannt ist als für mit leichter Hand servierte, modern interpretierte Küche. Doch Wirt Raphael Allgeier vereint im Murauer nicht nur sein bayerisches Gasthaus mit einer italienischen Osteria, er verleiht den klassischen Gerichten auch einen unvergleichlich originellen, frischen Pfiff.

Bayerisch-mediterran geht es beim Murauer zu, denn inspirieren lässt sich die Küchenmannschaft mit Vorliebe von der italienischen Kochtradition, in der oft aus einfachsten Zutaten Köstliches gezaubert wird. „Gut und einfach – einfach gut": Nach diesem Motto arbeiten Allgeier und sein Team. Verwendet werden nur ausgesuchte Zutaten, die meistens direkt aus der Region stammen. Diese hervorragenden Rohstoffe „mitten vom Land", frisch und kraftvoll, verleihen den Gerichten ihren unverwechselbaren Geschmack. Das saure Lüngerl mit Semmelknödel ist ebenso schmackhaft wie die Spinat-Käse Ravioli in leichter Kräuter-Sahnesoße. Kräftige bayerische Gerichte

stehen neben raffinierten südlichen Speisen und ergänzen sich auch perfekt – wie beim saftigen Schweinsbraten mit Tomate und Rosmarin. Wer auf den Geschmack gekommen ist, kann dem Küchenteam sogar bei verschiedenen Kochkursen über die Schulter schauen und den Meistern am Kochlöffel dabei auch sicher das ein oder andere Geheimnis entlocken.

Wie es sich für eine niederbayerische Wirtschaft gehört, darf der großzügige Biergarten nicht fehlen. Bis zu 120 Personen finden in der schönen Jahreszeit unter den alten Kastanien Platz. Auch die Gaststuben bieten mit der edlen Holzvertäfelung und stilvollen Einrichtung das passende Ambiente für kleinere wie größere Feiern. Dazu bringen die Kulturschaffenden der Region vom Konzert bis zur Kabarettveranstaltung regelmäßig ihr mitreißendes Programm auf die Bühne des Gasthauses.

KONTAKT
Gasthaus Murauer
www.da-murauer.de
Gastgeber: Raphael Allgeier
Antersdorf 38
84359 Simbach
Telefon: 08571-9266240

JEDEN LETZTEN FREITAGABEND IM MONAT: MUSIKANTEN-STAMMTISCH, ZU DEM JEDER HERZLICH EINGELADEN IST.

Winbeck

Der Landgasthof Winbeck kann auf eine über zweihundert Jahre lange Tradition zurückblicken. In der vierten Generation ist Henrike Winbeck heute Wirtin in Holzham. Und noch immer erwartet den Gast ländliche Ruhe in unzerstörter bäuerlicher Kulturlandschaft. Wer auf dem nahen Rottal-Radweg oder einer der zahlreichen Wanderrouten der Region sportlich unterwegs ist, hat sich eine Rast mit gutem Essen in der familiären Umgebung des Landgasthofs verdient.

Gekocht wird gutbürgerlich mit bekannten Klassikern. Eine Spezialität ist das „Holzhamer Hausgeheimnis": zartes, mit Käse überbackenes Schweinefilet an Champignonrahmsoße. Zur Brotzeitkarte für die kurze Rast gesellt sich eine Tageskarte, auf der die wechselnden Delikatessen aus der Küche angeboten werden: Dienstags werden z.B. frische Innereien serviert, während freitags traditionell Fisch auf den Tisch kommt. Eine ansehnliche Auswahl verschiedener Eis- und Dessertkreationen stellt auch die größte Naschkatze zufrieden.

Zwei helle Galsträume, traditionell eingerichtet, sorgen für Gemütlichkeit. Kleinere Gesellschaften fühlen sich in der „Stub'n"

AUSGEZEICHNETE BAYERISCHE KÜCHE

mit Kachelofen wohl. Übernachtungen werden in den freundlich in Holz gehaltenen Gästezimmern zur puren Entspannung. Die wohnlichen Zimmer haben besonders kuschelige Betten, einige dazu einen sonnenbeschienen Balkon. Für alle Golfurlauber ist die Greenfee-Ermäßigung in den nahen Golfclubs ein kleines Highlight.

Seit 1874 sind die Besitzer des Landgasthofs mit einem Zelt, der „Holzhamer Hütte", auf dem Karpfhamer Volksfest vertreten. Das Fest, bekannt durch die gleichzeitig stattfindende Rottal-Schau, eine der bedeutendsten Landtechnik-Messen Deutsch-lands, steht ganz im Zeichen von Pferdezucht und -sport. Alljährlicher Höhepunkt ist die Vorführung des „Rottaler Zehnerzugs": ein impo-santes Gespann von zehn paarweise gehenden Pferden, die eine schwere, alte Postkutsche in rasantem Tempo über den Turnierplatz fliegen lassen.

KONTAKT
Landgasthof Winbeck
www.landgasthof-winbeck.de
Gastgeberin: Henrike Winbeck
Holzham 5
94137 Bayerbach
Telefon: 08532-925880

SAISONALE KARTEN BIETEN SCHMANKERL VOM SPARGEL ODER WILD.

Lebzelter

Im Altstadthotel-Griesbach mit dem Restaurant Lebzelter haben zwei Frauen das Ruder in der Hand. Die Schwestern Irmi Ostermünchner und Ingrid Lehner sind stolz auf ihre bayerische Weiberwirtschaft und den Hotelbetrieb, der seit 1657 in Familienhand ist – die Gastfreundschaft hat Tradition im Lebzelter. Nicht, dass die Familie Ostermünchner keine sauberen Mannsbilder hervorgebracht hätte: Der wohl bekannteste war Karl Ostermünchner, der „Bräu von Griesbach", Jurist und niederbayerischer Parlamentarier, der 1848 mit dabei war, als in der Frankfurter Paulskirche das Deutsche Reich gegründet wurde.

Das Regiment der Frauen in Hotel, Café und Restaurant ist ein Erfolgsmodell und macht auch vor der Küche nicht Halt: Oma Maria Ostermünchner versüßt hier noch täglich den Gästen den Aufenthalt mit Blechkuchen und ihrem berühmten Milirahmstrudel, der warm aus dem Reindl serviert wird. Die Speisekarte bleibt der niederbayerischen Kochtradition treu, setzt ganz auf Regionalität und Frische der Zutaten und immer wieder hat ein Rezept der Oma seinen großen Auftritt wie der kräftige Gemüseeintopf in der Terrine, „Omas Kartoffel-Endi-

AUSGEZEICHNETE
BAYERISCHE
KÜCHE

viensalat" oder der Kaiserschmarrn mit Zwetschgenröster und Apfelmus.

Bad Griesbach lockt mit Thermalquellen und einem einzigartigen Golfresort. Wer hier schöne Tage verbringen möchte, quartiert sich in einem der stilvollen Zimmer des Altstadthotels-Griesbach im Herzen des Kurstädtchens, kaum hundert Schritte vom Stadtplatz gelegen, ein. In der geschmackvollen Lebzelter-Gaststube mit den holzgetäfelten Wänden spürt man die altbayerische Gastlichkeit des seit 340 Jahren familiengeführten Betriebs. Zum feinen Essen oder auch zur einfachen Brotzeit wird Bier der Klosterbrauereien Andechs und Weltenburg ausgeschenkt. Der alte Weinkeller, in dem deutsche und internationale Tropfen lagern, gibt seine Schätze auch für die Verkostung im Gastgarten oder in der Heurigenlaube preis.

KONTAKT

Altstadthotel-Griesbach
Restaurant Lebzelter
www.altstadthotel-griesbach.de
Gastgeberinnen: Ingrid Lehner u. Irmi Ostermünchner
Sparkassenstraße 6
94086 Bad Griesbach
Telefon: 08532-96220

Heilig-Geist-Stiftschenke und Stiftskeller

Die Heilig-Geist-Stiftschenke in Passau gibt sich traditionsbewusst, aber keinesfalls altmodisch. Das Gasthaus residiert in den Räumen eines ehemaligen Franziskanerklosters. Im Ambiente der historischen Mauern, bewirtet Familie Mayer ihre Gäste mit Schmankerln aus der bayerischen Küche, ergänzt um die ein oder andere Spezialität Österreichs – der nahen Grenze zum Nachbarland geschuldet.

Von der Forelle bis zum Waller: Die Hauptzutat der köstlichen Fischgerichte kommt fangfrisch aus dem stiftseigenen Apostelfischwasser und schwimmt bis zur Zubereitung im Bassin im Garten. Neben dem original Wiener Schnitzel vom Milchkalb oder dem „Waidlerischen Hirsch" aus bayerischen Gefilden spiegelt sich der Jahresrhythmus auf der Saisonkarte wieder. Zum süßen Abschluss eines guten Menüs sei zu einer ganz besonderen Nachspeise geraten: Die „Passauer Schlosserbuam" sind eingelegte, getrocknete Zwetschgen, die man, mit je einer Mandel gefüllt, in Backteig wendet und in heißem Fett ausbäckt. In einer Schokoladen-Zucker-Mischung gewälzt, werden sie mit Eis und Schokoladenkuchen serviert. Dazu passt wohl

AUSGEZEICHNETE
BAYERISCHE
KÜCHE

der Passauer Steinterrassen-Riesling besonders gut, der nur in limitierter Auflage auf dem Heilig-Geist-Weingut produziert wird. Auf den hauseigenen Weinbergen der Stiftschenke in der Wachau reifen heute noch zwei hervorragende Grüne Veltliner.

Die Gasträume strahlen elegant-ehrwürdige Gemütlichkeit aus. Im „Bischofszimmer" erinnern zahlreiche Schnitzereien an die Geschichte des einstigen Klosters. Das „Stiftsherrenstüberl" ist mit Bildern des Passauer Malers Dieter Stauber dekoriert. Herz des Gasthauses ist der gut tausend Jahre alte Stiftskeller: Zwei Gewölbe des Klosterkellers wurden 1969 zum heutigen Weinkeller ausgebaut. Lauschige Sommerabende verspricht das „Wachauer Weingarterl". Die mit Wein überdachten und von Efeu umrankten Lauben machen Lust auf die edlen Tropfen, die man hier wunderbar verkosten kann.

KONTAKT
Heilig-Geist-Stiftschenke
und Stiftskeller
www.stiftskeller-passau.de
Gastgeber: Fritz Mayer
Heiliggeistgasse 4
94032 Passau
Telefon: 0851-2607

Gut Riedelsbach

Auf Gut Riedelsbach dreht sich alles ums Bier. Der begehrte Gerstensaft wird hier aber nicht nur in Gläsern und Krügen ausgeschenkt, im Bier- und Wohlfühlhotel kommt er sogar ins Badewasser – und natürlich auch auf den Teller. Chef Bernhard Sitter versteht als erster diplomierter Biersommelier-Wirt Deutschlands sein Handwerk. Über vierzig Biersorten stehen unter seiner fachkundigen Anleitung zur Verkostung bereit, darunter Raritäten und Kuriositäten wie das Young Double Chocolate Stout mit dem Aroma von Kaffee und Bitterschokolade oder das Chimay Blue, der „Rolls Royce unter den Bieren". Gekrönt wird diese beeindruckende Auswahl mit dem Sitterbräu aus hauseigenem Sudkessel. Seit 1998 gehört die kleine Brauerei zu Hotel und Gasthof.

Gut Riedelsbach, um 1900 erbaut, ist seit 1951 im Besitz der Familie. Aus dem ursprünglichen Wirtshaus mit nur fünf Tischen ist heute ein stattlicher Gastronomiebetrieb geworden, wo gemütliche Themenstüberl zum Verweilen einladen. In der Küche darf eine Zutat natürlich nicht fehlen: Vom Biersenfschnitzel bis zur gebackenen Bierpraline kommen Liebhaber des „flüs-

AUSGEZEICHNETE BAYERISCHE KÜCHE

sigen Golds" auf ihre Kosten. Besonderes Augenmerk wird auf die Qualität und den regionalen Ursprung der Produkte gelegt, Fleischlieferant ist der Bruder des Wirts: Auf dem Naturlandhof Sitter produziert Wilhelm Sitter bestes Weidemast-Rindfleisch in Mutterkuhhaltung. Diese kulinarische Interpretation der niederbayerischen Lebensart – „beste Zutaten, Liebe zum Kochen und Zeit zum Genießen" – wurde 2010 bereits mit der Goldmedaille im Wettbewerb „Bayerische Küche 2010" belohnt.

Das Landhotel Gut Riedelsbach im Dreiländereck Deutschland, Tschechien, Österreich ist der ideale Ausgangspunkt für Ausflüge und Wanderungen im Bayerischen Wald. Ruhesuchende wissen die Wellnessoase zu schätzen. Und wer auch bei der Entspannung nicht auf Hopfen und Malz verzichten möchte, steigt in „Bernhards Bayerisches Bierbottichbad" und lässt sich „bierig" verwöhnen.

KONTAKT
1. Bier- und Wohlfühlhotel
Gut Riedelsbach
www.gut-riedelsbach.de
Gastgeber: Bernhard Sitter
Gut Riedelsbach 12
94089 Neureichenau
Telefon: 08583-96040

WISSEN RUND UMS BIER
VERMITTELT DAS HAUS-
EIGENE BRAUEREI-
KULTURMUSEUM.

Koller

Das Landhotel Koller liegt in Ringelai, mitten im „Meraner Land des Bayerischen Walds". Der Familienbetrieb rund um Andrea Koller-Breit und die Seniorchefs Waltraud und Werner setzt seit mittlerweile 65 Jahren ganz auf „Gastlichkeit mit Herz und Ambiente". Bayerische Lebenslust wird mit traditionsbewusster Moderne verbunden.

Das Landhotel ist Mitglied bei den „Waidla Landhotels", ein Zusammenschluss echter bayerischer Individualisten. Der Verband fördert die enge Zusammenarbeit zwischen regionalen Erzeugern, Bäckern, Metzgern, Brauereien und Endverbrauchern. Ursprünglichkeit, Tradition und die Verbindung mit der Natur des Bayerischen Walds spielen ebenso eine zentrale Rolle. Ganz nach diesem Credo werden in der Küche des Landhotels Koller nur frische Produkte aus der Region verwendet. Die Speisekarte variiert je nach Saison und folgt immer wieder den neuen Ideen von Küchenchefin Waltraud Koller. Dabei bewegen sich die Gerichte entlang der Grenzen Bayerns mit Ausflügen nach Österreich, Böhmen und Italien. Heraus kommt eine feine Küche, die es versteht, den Gaumen ebenso deftig-bayerisch wie

Niederbayern
Ringelai

mediterran-leicht zu verwöhnen. Knackige Salate und Nudel-variationen wechseln sich mit altbekannten Klassikern wie der „Wolfsteiner Pfanne" ab.

Zu den 27 einladenden Zimmern des Hotels gesellt sich ein schöner Wellnessbereich mit Sauna und Hallenbad. Angespannte Muskeln werden unter fachkundiger Massage wieder geschmeidig und vielfältige Kosmetikanwendungen runden das Angebot ab. Wie die Speisekarte folgen auch einige Buchungs-arrangements den Jahreszeiten oder sind auf Themen wie „Wandern" oder „Romantik" abgestimmt.

Die Kollers geben ihren Gästen dazu gerne den ein oder anderen Geheimtipp. Auch Familien sind herzlich willkommen: Ein großer Abenteuerspielplatz beschäftigt die Kleinen, während sich die Eltern im Biergarten ein frisch gezapftes Helles schmecken lassen.

KONTAKT
Familien-Landhotel Koller
www.landhotel-koller.de
Gastgeberin: Andrea Koller-Breit
Perlesreuter Straße 5
94160 Ringelai
Telefon: 08555-97000

VON MAI BIS OKTOBER:
RIESEN-SALATBUFFET JEDEN
MITTWOCH, DONNERSTAGS
ITALIENISCHES BUFFET.

Firmianstubn

Das heutige Restaurant Firmianstubn ist noch relativ jung, vor gerade einmal zwanzig Jahren wurde es neu errichtet. Ein Ort mit bester Tradition ist es dennoch allemal: Schon die Urgroßeltern von Gastgeber Bernd Stiefvater betrieben hier einen Zusammenschluss aus Wirtshaus, Tante-Emma-Laden, Bäckerei und Landwirtschaft. Dazu zählte das ursprüngliche Haus zu den ersten Gebäuden, die im Ort Phillipsreut, der um das Jahr 1864 gegründet wurde, errichtet wurden.

„A bisserl modern und a bisserl von der Tradition unserer Heimat geprägt" – so beschreibt Bernd Stiefvater sein Restaurant. Das Erfolgskonzept heißt heimische Landküche, verlässlich und bodenständig. Dass nur Produkte von höchster Qualität und Frische den Weg in die Küche finden, versteht sich von selbst, ebenso wie der fast ausschließlich regionale Anbau der verwendeten Zutaten. Altbewährtes und frische kulinarische Ideen wechseln sich auf der Karte ab und werden immer wieder von besonderen Themenessen unterstützt: Freitags lautet das Motto im Haus z.B. „Haxn'Di". Wer bei diesem beliebten großen Haxnessen – knusprig und bayerisch-klassisch an Knö-

del und Kraut serviert – dabei sein will, reserviert am besten im Voraus.

Direkt am Skilift des Almbergs im Bayerischen Wald gelegen, lädt die Firmianstubn nach der sportlichen Abfahrt zum „Einkehrschwung" in zünftiger Runde ein. In der urgemütlichen Gaststube wärmt einen der hervorragende Kaiserschmarrn an einem Plätzchen vorm Kamin schnell wieder auf – die passenden heißen Getränke finden sich natürlich auch im Programm des Gasthauses. Glühwein, Jagertee und Ingwerpunsch werden bei ausreichend Schneefall zum Après Ski auch an einer großen Schneebar ausgeschenkt. Das Gegenprogramm zur Ski-Party gibt es in den Sommermonaten: Weitab vom üblichen Biergartenrummel ist die Einkehr auf der Terrasse, beschattet von alten Kirschbäumen, ein idyllischer Genuss.

KONTAKT
Restaurant Firmianstubn
www.restaurant-firmianstubn.de
Gastgeber: Karin Lenz u.
Bernd Stiefvater
Bischof-Firmian-Straße 29
94158 Philippsreut
Telefon: 08557-736

Sportalm

In den Räumen des Landhotels Sportalm war früher einmal die Dorfschule von Mitterfirmiansreut untergebracht. 1970 begann der Umbau zum Gasthof, seit 1975 ist das Haus am Fuße des Almbergs in Familienbesitz. Beate Hubig-Blöchl sorgt für den reibungslosen Ablauf vor den Kulissen, während ihr Sohn Benedict Roth für die kulinarische Kunst am Herd verantwortlich ist. Nach seiner Lehrzeit in einem Vier-Sterne-Haus war er ein Jahr auf Sylt in der bekannten „Sansibar" als Koch tätig. Weitere Stationen waren u.a. Australien und Asien.

Mit heimisch produzierten Zutaten zu kochen und sich dabei an dem zu orientieren, was die Natur im Jahreslauf wachsen lässt, ist selbstverständlich für das Team der Sportalm. Bachsaiblinge und Forellen kommen aus dem nahen Haidmühle, das Wild aus den Wäldern der Umgebung und Fleisch wird vom Metzger in Hinterschmiding bezogen. Goldener Honig stammt von einem Imker im Bayerischen Wald und alle Frühstücksmarmeladen werden hausgemacht. Kuchen, Torten und vor allem der selbst gebackene Apfelstrudel schmecken nicht nur zum Nachtmittagskaffee.

AUSGEZEICHNETE
BAYERISCHE
KÜCHE

BESONDERHEITEN

LAGE

Niederbayern
Philippsreut-
Mitterfirmiansreut

AUSZEICHNUNG

Die Karte wechselt alle paar Tage und bietet neben bayerischen Klassikern besondere Empfehlungen des Hauses: Die Pizza „Treviso" mit Tomaten, Käse, Basilikum, Kräuterfrischkäse, Kürbis- und Pinienkernen ist hervorragend. Ebenso schmackhaft kommt das „König Ludwig-Steak" daher, ein Lendenstück vom Bayerwald Bullen, überbacken mit edlem Blauschimmelkäse.

Ein gern gesehener Gast ist im Landhotel der beste Freund des Menschen: Reisende mit Hund erwarten Extras wie ein Körbchen am Zimmer oder eine Hundeecke mit Erfrischungsbar und vielen Leckerlis. Wer sich und seinen tierischen Begleiter dazu noch bilden möchte, besucht einen der angebotenen Kurse wie das „Anti-Jagd-Training" oder „Massagetechniken für den Hund". Für die anschließende (menschliche) Entspannung ist ebenfalls gesorgt: Der Wellness-Bereich garantiert einen angenehmen Aufenthalt.

KONTAKT
Landhotel Sportalm
www.hotel-sportalm.de
Gastgeberin: Beate Hubig-Blöchl
Bischof-Firmian-Straße 21
94158 Philippsreut-Mitterfirmiansreut
Telefon: 08557-200

Zottling

Das landwirtschaftliche Anwesen Zottling ist seit 1853 in Familienhand, 1949 wurde es umgebaut und um die Gastwirtschaft erweitert. Qualität aus Tradition – daran hält auch die heutige Chefin fest. Monika Schweizer führt seit 2008 das Regiment in Gaststube und Küche und wacht täglich mit Begeisterung und Leidenschaft darüber, dass nur die besten Zutaten den Weg in ihre Töpfe und Pfannen finden. Geradezu paradiesisch ist es auf der Hochlage im Bayerischen Wald, wo der Berggasthof Zottling einsam thront. Der Blick über das beschauliche Aitnachtal hat schon so manchen Gast zu längerem Verweilen und einem ausgedehnten Abend auf der Sonnenterrasse verführt.

Gekocht wird gutbürgerlich bis exquisit, besonderen Wert wird auf die Verarbeitung heimischer Produkte gelegt und vieles kommt direkt aus der Zottlinger Landwirtschaft und den dazugehörigen Waldgebieten: Wild aus dem eigenen Revier, Braten vom Zottlinger Hausschwein oder Salat, Gemüse und Kräuter aus dem direkt hinter der Wirtschaft gelegenen Garten. Dazu passt natürlich am besten ein regionales Bier von

AUSGEZEICHNETE
BAYERISCHE
KÜCHE

hoher Qualität. Gemäß dem Motto „Heimat treu – Ettl Bräu" werden seit jeher die Erzeugnisse der Brauerei Ettl aus dem nahen Teisnach im Berggasthof Zottling ausgeschenkt.

Von Kennern alljährlich sehnlichst erwartet werden die Hendl-Grillabende, deren Tradition schon über vierzig Jahre währt. Heinrich Kraus, der Bruder des früheren Wirts Sebastian Kraus, hatte das Grillen noch auf dem Münchner Oktoberfest gelernt und sein Wissen um das perfekte Hähnchen samt einem ausgemusterten, von ihm wieder flottgemachten Grill mit nach Hause gebracht. Heute zieht das sommerliche Hendl-Grillen begeisterte Einheimische und neugierige Urlauber gleichermaßen nach Zottling. Die einzigartige Umgebung des Berggasthofs und der wunderbare Ausblick auf die umliegende Natur, tun ihr Übriges, um den Gästen einen unvergesslichen Besuch zu garantieren.

KONTAKT
Berggasthof Zottling
www.berggasthof-zottling.de
Gastgeberin: Monika Schweizer
Zottling 1
94265 Patersdorf
Telefon: 09929-95900

ALLJÄHRLICH IM HERBST: WILDWOCHENENDE MIT WILD VOM EIGENEN REVIER-JÄGER DES BERGGASTHOFS.

Oberpfalz

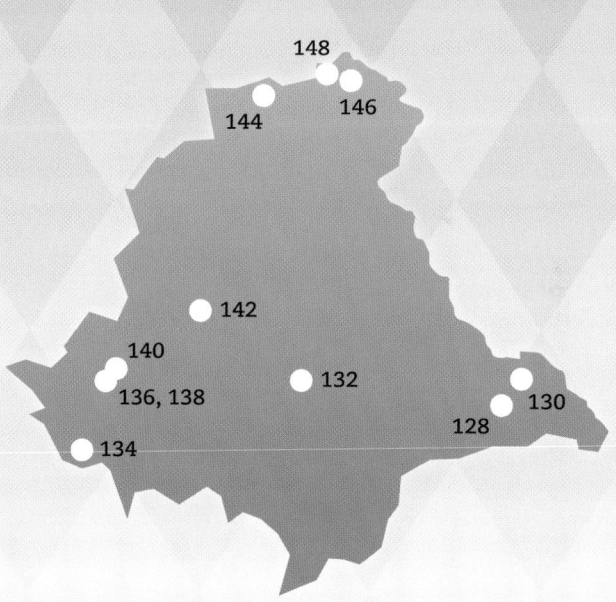

Am Ödenturm

Wunderbar gelegen ist das Gasthaus Am Ödenturm in Chammünster: leicht erhöht am Fuße des Lambergs, der mit knapp über sechshundert Metern den höchsten Punkt im Chamer Becken markiert. Die Aussicht von der Terrasse des Gasthofs über das Regental sucht ihresgleichen. Dazu kommt die malerische Nachbarschaft zur Burgruine Chameregg, auch Ödenturm genannt, einer ehemaligen Schutzburg aus dem frühen 11. Jahrhundert.

Gastgeber ist Familie Hunger, Tochter Ingrid und Sohn Ernst Hunger jun. sind zusammen mit Brigitte Berghammer-Hunger für die ausgezeichnete Küche verantwortlich. Die drei Köche haben sich auf ihrer regulären Speisekarte den gehobenen bürgerlichen Klassikern verschrieben, einen besonderen Blick verdienen aber die Spezialkarten mit wöchentlich wechselndem Angebot. Saisonal mit Spezialitäten wie Spargel oder Pfifferlingen verfeinert, findet man hier Gaumenfreuden, deren regionale Herkunft auch für ihre Qualität spricht. Für den interessierten Gast jederzeit auf der Karte nachlesbar, kommen z.B. die rosa gebratenen Bio-Lammnüsschen vom Bauer Gleixner

AUSGEZEICHNETE
BAYERISCHE
KÜCHE

aus Rötz, der Rehrücken an Pfifferlingen und Kartoffelnudeln stammt aus heimischer Jagd und der Feldsalat wächst in der im Landkreis ansässigen Gärtnerei Raum. Die Weinliebhaber unter den Gästen können sich an einer spannenden und großen Auswahl erfreuen.

Urig gemütlich und schlicht modern – die Stuben des Gasthauses können beides, ebenso wie die Zimmer für Übernachtungsgäste. Ausflugsziele rund um den Gasthof gibt es in großer Zahl. Egal, ob ein Abstecher zum berühmten Marienwallfahrtsort am Hohenbogen, Neukirchen beim Hl. Blut, geplant ist oder ein Besuch der Drachenstich Festspiele im nahen Furth im Wald auf dem Programm steht – die ruhigen Zimmer und idyllischen Bungalows des Gasthauses Am Ödenturm sind die idealen Ausgangspunkte für Unternehmungen aller Art.

KONTAKT
Am Ödenturm – Das Gasthaus
www.oedenturm.de
Gastgeber: Familie Hunger
Am Ödenturm 11
93413 Chammünster
Telefon: 09971-89270

IM GASTHAUS AM ÖDENTURM
ÜBERNACHTET MAN IN NEU
RENOVIERTEN ZIMMERN UND
BUNGALOWS.

Brunner Hof

Der Brunner Hof ist eine echte Wellness-Oase. Idyllisch in der Further Senke im Bayerischen Wald gelegen, ist die kleine Flucht aus dem hektischen Alltag inmitten saftiger Wiesen und stiller Wälder ein Leichtes. Ein Spaziergang durch die Gartenanlagen, vorbei am Bach und der historischen Arnschwanger Festungsmauer sorgt für den rechten Appetit auf die frisch servierten, heimischen Schmankerl.

Die Verbindung zur Natur spielt auch in der Küche eine große Rolle. Als Mitglied des Vereins „LandGenuss Bayerwald", einem Zusammenschluss qualitätsorientierter Gastronomen und Landwirte im Landkreis Cham, der sich für Erhalt und Pflege regionaler Produkte und Speisen stark macht, liegen Gastgeber Andreas Brunner und seinem Team besonders die Verwendung heimischer Zutaten am Herzen. Kräuter liefert der große Garten hinter dem Haus und die eigene Landmetzgerei steuert die Fleisch- und Wurstspezialitäten zu den Gerichten bei. Auf der gutbürgerlich-gehobenen Karte treffen bayerische Klassiker auf so manche kulinarische Innovation. Überraschungsabende sorgen mit verschiedenen Genuss-Themen für Abwechslung.

AUSGEZEICHNETE
BAYERISCHE
KÜCHE

Oberpfalz
Arnschwang

Von den gemütlichen Stuben des Gasthauses, darunter der urige „Hofstadl", geht es im Sommer hinaus in den Biergarten, wo an rustikalen Holztischen zur bayerischen Brotzeit geladen wird. In den Naturzimmern des Hotels sind die Weichen auf Entspannung gestellt. Ein Besuch im altbayerischen „Saunadörf'l" ist dabei das Highlight eines jeden Aufenthalts: Auf einer Fläche von über 850 Quadratmetern sorgen fünf verschiedene Saunen wie die „Bio-Kräuter-Stub'n" oder das „Erste Königlich Bayerische Rasul- und Dampfbad" für Hitzewallungen der angenehmsten Art. Wer seine Seele lieber in der freien Natur baumeln lässt, erkundet den Duft- und Aromagarten oder den Natur- und Fischlehrpfad. Vom Badesteg gelingt der Sprung in den großen Naturteich zur sommerlichen Abkühlung, bevor man es sich auf den Gartenliegen am Fluss gemütlich macht.

KONTAKT
Natur-Wohlfühlhotel
Brunner Hof OHG
www.brunner-hof.de
Gastgeber: Familie Brunner
Kirchgasse 13
93473 Arnschwang
Telefon: 09977-257

JEDEN ZWEITEN FREITAG IM MONAT GEHT ES BEIM „MUSIKANTENSTADEL" RUND: MUSIKER, GSTANZLSÄNGER UND HUMORISTEN SPIELEN ZÜNFTIG AUF.

Fenzl

Mitten im Oberpfälzer Seenland liegt die Gemeinde Steinberg am See, wo der Gasthof Fenzl zu finden ist. Die Nähe zum größten See der Region, dem nach der angrenzenden Gemeinde benannten Steinberger See, macht das Wirtshaus mit Hotel zum idealen Ausflugsziel sowohl von Erholungssuchenden als auch von aktiven Wassersportlern. Eine Wakeboard- und Wasserskianlage verlockt zu sportlichen Herausforderungen und wer sich schon immer am Trendsport Stand-Up-Paddling versuchen wollte, ist hier genau richtig. Auch Taucher kommen voll auf ihre Kosten, während es beim Tretbootfahren gemütlicher zugehen darf.

Familie Fenzl, die ihren Gasthof in vierter Generation führt, liegt das Wohlergehen ihrer Gäste am Herzen. Kulinarisch werden alle Besucher mit hauptsächlich bayerischen, aber auch internationalen Klassikern verwöhnt. Zwiebelrostbraten, Ochsenlende mit geschrotetem Pfeffer und Speckbohnen oder das „Rumpsteak russisch", mit Wodka flambiert und an Senfsahnesoße serviert – in der Küche geht es herzhaft zu. Wechselnde saisonale Themenkarten wie die Spargel-, Steak- oder Wildwochen

AUSGEZEICHNETE
BAYERISCHE
KÜCHE

Oberpfalz
Steinberg am See

bringen Abwechslung auf den Teller. Fest etabliert ist auch das romantische Valentinstagsmenü für zwei: Alljährlich wird es am 14. Februar im liebevoll dekorierten Restaurant stimmungsvoll, wenn Paare und solche, die es werden wollen, zum edlen Dinner geladen werden.

Zwei stilvoll eingerichtete Restauranträume mit offenem Kamin und die alte „Bierstube" sorgen im Wirtshaus für ein schönes, gemütliches Ambiente. Auf der neu gestalteten, großen Sonnenterrasse kann man den Abend mit einem kühlen Bier der Familienbrauerei Jacob und einer zünftigen Brotzeit ausklingen lassen– probieren sollte man dabei unbedingt die hausgemachte Sülze. 2013 wurde das zum Gasthof gehörende Hotel um zehn neue Zimmer erweitert und die übrigen detailreich renoviert. Erholsame Nächte sind in den wohnlichen Unterkünften garantiert.

KONTAKT
Hotel Gasthof Fenzl
www.hotelgasthof-fenzl.de
Gastgeber: Josef Fenzl
Nittenauer Straße 7
92449 Steinberg am See
Telefon: 09431-50326

**EIN HAUS MIT TRADITION:
DER GASTHOF BEFINDET
SICH SCHON SEIT 1925
IN FAMILIENBESITZ.**

Gewürzmühle

D ie Mauern des Hotels Gewürzmühle mit Restaurant atmen Geschichte: Über 350 Jahre ist das unter Denkmalschutz stehende Gebäude alt. 1993 erwarb Familie Salzer die historische Mühle – eine perfekte Paarung, denn in der Familie hat das Handwerk der Kirchenmaler und Restauratoren Tradition. Mit großem Restaurierungs- und Renovierungsaufwand entstanden so im Laufe eines Jahres ein Hotel mit hellen, geräumigen Zimmern und ein Restaurant mit besonderem Flair. Die alten, wunderschönen Stuckdecken und einige originale Einbauten von anno dazumal kann man heute noch bewundern.

Eine reduzierte, aber umso sorgsamer zusammengestellte Speisekarte verführt mit saisonalen Gerichten. Die frischen Zutaten stammen aus ökologischer, vorwiegend regionaler Produktion: Bachsaiblinge und Forellen werden z.B. von Hans Schmidtner im nahen Biberbach gezüchtet, Juradistl-Lämmer liefern oberpfälzische Schäfer. Die Aufzucht des Juradistl-Lamms ist eine uralte regionale Tradition. Die Tiere ziehen mit dem Schäfer über die kräuterreichen Jurahänge, Muttermilch und frisches Gras sind die wesentliche Futterbasis. In der Gewürzmühle un-

AUSGEZEICHNETE
BAYERISCHE
KÜCHE

terstützt man dieses Wirtschaften im Einklang mit der Natur und fördert damit nicht nur den Genuss, sondern auch den Erhalt einer wunderbaren Kulturlandschaft. Zu den Spezialitäten des Hauses zählen folgerichtig die Lammgerichte. Beliebt ist das „Menü für 2": ein Candlelight-Dinner, zu dem auch hausgeräucherter Lammschinken verführt. Ab und an wird noch der historische Holzbackofen für backfrische Köstlichkeiten angefeuert und alte Brot- und Fladenrezepte haben ihren großen Auftritt.

Auf die Einrichtung ihres Hauses hat Familie Salzer großen Wert gelegt: Naturholzmöbel harmonieren mit freundlichen Bio-Farben, das Prinzip Feng Shui zieht sich durch die Räume. Die „Monet-Stube" wurde teils mit Freskenmalerei geschmückt, ebenso wie die Bäder der Hotelzimmer. Zum kleinen Wellness-Bereich gehören u.a. eine Sauna und ein „Whirlpool für Zwei".

KONTAKT

Hotel Gewürzmühle
Salzer & Salzer GbR
www.gewuerzmuehle-berching.de
Gastgeber: Familie Salzer
Gredinger Straße 2
92334 Berching
Telefon: 08462-200050

Almhof

D ie Anfänge des heutigen Landgasthauses Almhof reichen bis ins Jahr 1845 zurück. Als Lehrgut, d.h. Schule für junge Landwirte errichtet, wurde das Gebäude Mitte der 1920er Jahre zu einem Gasthof umgebaut. Seit 1992 ist Georg Lukas der Chef im Haus und am Herd und kümmert sich zusammen mit Frau Claudia und Tochter Viktoria um seine Gäste.

Küchenmeister Lukas folgt mit seiner Kunst einer einfachen, überzeugenden Philosophie: „Frisch und ehrlich." Alles ist hausgemacht oder kommt aus Wald, von Wiese oder nahem landwirtschaftlichen Hof direkt in die Küche. Der Bio-Anteil aller verwendeter Zutaten ist hoch, wann immer möglich, werden die Produkte ohne Umwege beim regionalen Erzeuger erstanden. Aus dieser hervorragenden Naturküche kommen herzhafte Gaumenschmeichler wie der Zwiebelrostbraten vom Juradistl-Weiderind oder das Schweinefilet in Nusskruste.

Jedes Jahr gibt es Schmankerlwochen mit verschiedenen und überraschenden Themen wie z.B. „Zirkus". Dazu wird zwar nicht nur bayerisch gekocht, aber immer mit regionalen Zutaten. Freunden des bayerischen Nationalgetränks seien die ökologi-

AUSGEZEICHNETE
BAYERISCHE
KÜCHE

Oberpfalz
Neumarkt i. d. Opf.

schen Bierspezialitäten der mehrfach ausgezeichneten Lammsbrauerei zu empfehlen: Das Hollerradler, ein Helles mit einem Schuss Holunderblütenlimonade, überzeugt als sommerliche Erfrischung, Experimentierfreudige wagen sich ans Dinkelbier und erkunden die Aromen von Bananen oder Nüssen im Gerstensaft.

Getafelt wird im urgemütlichen „Kaminstüberl", „Wein-" und „Feststube" bieten Platz für größere Feiern. Wie sich Tradition und Moderne am besten verbinden lassen, zeigt das Landgasthaus ab Mai 2015: Das neu eröffnete Landhotel „AlmRefugio" steht ganz unter dem Motto „Design trifft Alm" und sorgt, ausgestattet mit hochwertigen Naturmaterialien, für die perfekte Paarung von nostalgischem Charme und zeitgemäßem Komfort. Mit weitläufigen Wiesen, Pferdekoppeln und dem zertifizierten Wanderweg „Zeugenbergrunde" lässt die Natur vor der Haustür keine Wünsche offen.

KONTAKT
Landgasthaus Almhof
www.landgasthaus-almhof.de
Gastgeber: Georg Lukas
Am Höhenberg 5
92318 Neumarkt i. d. Opf.
Telefon: 09181-32584

GEORG LUKAS IST SEIT SIEBEN JAHREN TV-KOCH BEI „IN TV": EIN BESUCH SEINER KOCHSCHULE LOHNT SICH!

Wittmann

Norbert Wittmann, seines Zeichens Metzgermeister und Koch, führt seinen Gasthof mit voller Leidenschaft. Einen Ehrenplatz hat in seinem Betrieb die Weißwurst inne: In der eigenen Metzgerei wird sie in Perfektion hergestellt, in der Weißwurst-Akademie können Liebhaber ihr Fachwissen rund um die Wurst erweitern und im angeschlossenen Museum ihrer Geschichte und dem Metzgereihandwerk des 18. und 19. Jahrhunderts auf der Spur sein. Die Liebe zu dieser urbayerischen Spezialität liegt bei Wittmanns übrigens in der Familie: Tochter Nadja trägt stolz den Titel der „Ersten bayerischen Weißwurstkönigin".

„Gastlichkeit aus Tradition" – das Motto setzt die Wirtsfamilie auch mit strikt ökologischem Wirtschaften um. Metzgerei und Gasthof sind Bio-zertifiziert und arbeiten absolut gentechnikfrei. Dieser hohe Standard wird von allen Zulieferern mitgetragen. Wurst- und Fleischspezialitäten kommen selbstverständlich aus der hauseigenen Metzgerei und zwar ganz gemäß dem „Reinheitsgebot der Wurst", verfeinert nur mit Naturgewürzen und Steinsalz. Die Kooperation mit der Bäuerlichen Erzeuger-

AUSGEZEICHNETE
BAYERISCHE
KÜCHE

gemeinschaft Schwäbisch Hall, in der sich zwischenzeitlich 850 Landwirte unter der Verpflichtung zu artgerechter Haltung und gesunder Fütterung zusammengeschlossen haben, garantiert gleichbleibend beste Fleischqualität.

Die Karte liest sich regional mit Gerichten der gutbürgerlichen Küche. Von der Oberpfälzer Leberknödelsuppe, einer aromatischen Ochsenkraftbrühe, geht es über das „Krusten-Schäuferl" vom Hällischen Landschwein oder dem Ochsenbraten mit Kartoffelknödel und Preiselbeerbirne zu „Wittmanns Patisserie": Der Kaiserschmarrn mit Marillenragout ist ein Genuss. Die berühmte Weißwurst wird unter der Woche zweimal täglich kesselfrisch serviert, bei dringendem Bedarf auch öfter. Und wer nicht genug von ihr bekommt, kann sie auch als Suppe, Carpaccio, Ragout, Gröstl, sauer im Wurzelsud oder sogar als Schnitzel probieren.

KONTAKT
Metzgerei-Hotel-Gasthof
Wittmann GmbH
www.hotel-wittmann.de
Gastgeber: Norbert Wittmann
Bahnhofstraße 21
92318 Neumarkt i. d. Opf.
Telefon: 09181-907426

WER EIN SEMINAR IN DER HAUSEIGENEN WEISSWURST-AKADEMIE BESUCHT, WIRD MIT EINEM DIPLOM UND SELBST HERGESTELLTEN WÜRSTEN BELOHNT.

Meier HIHO

Uriger, geradezu nostalgischer Charme und innovative Moderne – der Landgasthof Meier in Hilzhofen kann beides. Mit seinen dicken Mauern, dem rustikalen „Stodl" und der unvergleichlichen Lage inmitten der Natur weckt der traditionsreiche Hof bei so manchem Gast das Gefühl, auf angenehmste Weise aus der Zeit gefallen zu sein. Pfiffig zur Moderne übergeleitet wird in den schönen, mit viel Holz ausgestatteten Gaststuben.

Auch im Chef des Hauses vereinen sich gastronomische Tradition und kreative Erneuerung: Michael Meier III. pflegt als Küchenmeister eine Kochkultur, die aus ihrer regionalen Verwurzelung in den oberpfälzischen Klassikern heraus immer wieder neu variierte Geschmacksblüten treibt. Bodenständige Gerichte werden in frischer Interpretation zu etwas ganz Besonderem wie dem zarten Filet vom Jungrind an „Sauce à la Kren", Spinat-Ricotta-Nockerl und Gartenapfelscheiben. Sprichwörtlich auf der Zunge zergehen die Schmorbraten, die ganze zwölf Stunden schonend auf Niedrigtemperatur gegart werden. Eine Spazialität sind die berühmten Juradistl-Lämmer. Vegetarische und vegane Alternativen stehen den fleischlichen Genüssen in nichts nach,

AUSGEZEICHNETE
BAYERISCHE
KÜCHE

was z.B. die cremigen Spätzle mit Käse und geröstetem Gemüse beweisen. Viele Speisen gibt es auch in der kleinen Variante für den kleinen Hunger oder probierfreudige Gäste. Die Wirtsfamilie Meier setzt ganz auf Zutaten aus der Region, vieles wird sogar direkt vor der Haustür im eigenen, nach ökologischen Standards angelegten Kräuter- und Gemüsegarten geerntet. Fleisch und Wurstwaren stammen aus der eigenen Metzgerei. Beliefert wird der Betrieb nur von Höfen, die der Familie persönlich bekannt sind und artgerechte Aufzucht mit bestem Futter garantieren wie z.B. das Klostergut Plankstetten mit seinen Bio-Landschweinen.

Die luxuriösen Vier-Sterne-Zimmer des Landgasthofs überzeugen mit hochwertigen und individuellen Materialkombinationen aus Holz, Weidengeflecht oder Stein. Zur Sommerzeit lädt der schöne Wiesenbiergarten mit Blick in die Oberpfälzer Juralandschaft zu einem Besuch ein.

KONTAKT
Landgasthof Meier HIHO
www.landgasthof-meier.de
Gastgeber: Claudia u. Michael Meier
Hilzhofen 18
92367 Hilzhofen
Telefon: 09186-237

EINE DEILKATESSE SIND DIE STEAKS VOM GALLOWAY RIND: DIE TIERE WACHSEN DIREKT BEIM NACHBARN AUF.

Zum Bärenwirt

Idyllisch im Vilstal gelegen, kann der Landgasthof Zum Bärenwirt auf eine reiche Geschichte zurückblicken: Das Gebäude
besteht nachweislich seit 1750 und wird seit 1770 als Gastwirtschaft betrieben. In alten Matrikelbüchern ist das Haus unter
dem Namen „Cauponis ad ursum nigrum" verzeichnet, was sich
aus dem Lateinischen mit „Wirt zum schwarzen Bären" überset-
zen lässt – der Name hat die Zeiten überdauert. Susanne Richthammer führt heute gemeinsam mit Eltern und Bruder das traditionsreiche Wirtshaus mit viel Engagement und Liebe weiter.

Regional, saisonal und bodenständig, dabei modern und raffiniert: Die Küche bietet etwas für jeden Geschmack. Gutbürgerliche Klassiker gesellen sich zu bayerischen Schmankerln und
modernen Gerichten. Nach „Gaumendratzerln" wie Kalbskopf-
strudel mit lauwarmen Erdäpfeln oder gebackener Weißwurst
mit Radieserlsalat sorgen z.B. Rindsbackerl oder Bratenschman-
kerl, kurzum die „geliebte Wirtshausküche", für den richtigen
Gaumenkitzel. Vegetarier freuen sich über „g'schmolzne Erdäp-
feltascherl" auf Spargelragout. Feine Dessertkreationen, „Süßes
vom Suserl", werden mit Spaß am Verzaubern zubereitet – eine

Sünde wert ist der Schokoladenkuchen mit Rhabarber und Vanilleschaum.

Die gemütliche Wirtsstube ist ideal für gesellige, ausgedehnte Abende unter Freunden. Der Saal ist in warmen, hellen Farben gehalten, mit viel Naturholz ausgestattet und bietet genügend Platz für rauschende Feste. Im neu gestalteten Biergarten schmecken die ausgewählten Bierspezialitäten der Region besonders gut. Vier individuelle Zimmer bieten, frisch renoviert und modernisiert, angenehme Übernachtungsmöglichkeiten.

An der Haustür des Landgasthofs führt der Fünf-Flüsse-Radweg vorbei, eine Rundstrecke mit den Hauptstationen Regensburg und Nürnberg. Egal, ob man seine Tour am Wirtshaus in Rieden beginnen lässt oder auf einen Einkehrschwung vorbeischaut – willkommen sind Radler und Ausflügler beim Bärenwirt immer.

KONTAKT
Landgasthof Zum Bärenwirt
www.zum-baerenwirt.de
Gastgeber: Familie Richthammer
Hauptstraße 9
92286 Rieden
Telefon: 09624-2888

„WURSCHTSUPPNFOAHRN": ALTER BAYERISCHER BRAUCH ZUM SCHLACHTSCHÜSSEL-ESSEN – URIG UND GESELLIG, NICHT VERPASSEN!

Waldfrieden

Der Gasthof Waldfrieden mit der dazugehörigen Pension ist ein kleines, aber feines Familienunternehmen. Edda und Gustl Pöllath sorgen samt Tochter Julia für eine familiäre und persönliche Atmosphäre, in der sich jeder Gast wohlfühlt. „Genießen und erleben inmitten der Natur", so lautet das Motto der Wirte und die wunderschöne Landschaft des Fichtelgebirges bestätigt diesen Leitspruch in Verbindung mit der guten Küche des Gasthofs voll und ganz.

Edda und Julia Pöllath sind zertifizierte Wildkräuter-Köchinnen, sie kennen sich perfekt mit den wild wachsenden Kräutern der Umgebung aus: Über tausend Arten sind im Fichtelgebirge heimisch. Was in der ursprünglichen Natur, den märchenhaften Wäldern und Sommerwiesen rund um das oberpfälzische Brand gepflückt wird, kommt entweder frisch in den Topf oder wird zur späteren Verwendung als Gewürz getrocknet. Das Thema „Wildkräuter" zieht sich durch die abwechslungsreiche Speisekarte, das alte Wissen um Verwendung und Wirkung der besten Kräuter findet sich äußerst schmackhaft in Salaten, Suppen, Soßen oder Beilagen wieder. Hausgemachte Brennnesselnudeln zählen z. B.

AUSGEZEICHNETE
BAYERISCHE
KÜCHE

Oberpfalz
Brand

zu den Spezialitäten des Hauses. Julia Pöllath zaubert dazu für alle Naschkatzen süße Leckereien wie den Gänseblümchen-Käsekuchen oder das Waldmeister-Eis. Die klassischen, gutbürgerlichen Speisen werden dabei aber nicht vernachlässigt: Zur zart gebratenen Schweinelende gibt es eine feine Lauchrahmsoße und hausgemachte Rösti.

Einige Wanderwege beginnen direkt vor der Tür der Pension Waldfrieden oder unweit davon. Im Sommer leuchtet das saftige Grün der Wiesen und Wälder, im Winter geht's auf Schneeschuhen durch die verschneite Natur. Die Zimmer und Ferienwohnungen können mit drei Sternen aufwarten und garantieren ruhige Nächte. Abends lässt man sich in der „Hahnenfilz-Stube" oder im Biergarten kulinarisch verwöhnen. Kleine Tierfreunde wird der hauseigene Tierpark mit Enten, Pfauen, Emus und einem Fischteich begeistern.

KONTAKT
Gasthof Pension Waldfrieden
www.gasthof-pension-waldfrieden.de
Gastgeberin: Edda Pöllath
Schneebergweg 7
95682 Brand
Telefon: 09236-376

DER GASTHOF IST MITGLIED BEIM „ESSBAREN FICHTEL-GEBIRGE", EINER VEREINIGUNG REGIONALER WILDKRÄUTER-KÖCHE.

Bayerischer Hof Waldsassen

Das Hotel Bayerischer Hof in Waldsassen feierte im Jahr 2005 sein hundertjähriges Jubiläum. Herzliche Gastlichkeit, gehobene bayerische Küche und professioneller Service haben im Haus der Familie Sperber Tradition: Mit Gastgeber Wolfgang Sperber ist bereits die dritte Generation am Ruder und führt ihren Betrieb mit viel Liebe zum Detail, sowohl im Hotelbereich als auch in der Gastronomie.

Die heimischen Spezialitäten werden aus hochwertigen, regional bezogenen Produkten zubereitet. In der Küche geben die Jahreszeiten mit ihrem ständig wechselnden Angebot an frischem Salat und Gemüse den Ton an und diverse Schmankerlwochen spiegeln die gesamte Bandbreite dieser reichen, gut gepflegten Verbindung mit der Natur. Als Küchenchef zeigt Wolfgang Sperber sein ganzes Talent in der Verbindung von gehobener bayerischer Küche mit einem inspirierenden Blick über die regionalen Grenzen hinaus: Klassiker werden frisch interpretiert. Kräuter aus dem eigenem Garten verfeinern dabei so manches Gericht und sorgen z.B. beim Rehcarée an feinem Cranberryjus, hausgemachten Spätzle und Romanescoröschen

AUSGEZEICHNETE
BAYERISCHE
KÜCHE

oder beim Saiblingsfilet mit Zitronenbutter, Petersilienkartoffel und Brokkoli für die richtige Würze.

Waldsassen, berühmt für das dortige Zisterzienserinnen-Kloster aus dem 12. Jahrhundert mit seiner prächtigen barocken Basilika, liegt im Stiftland, einem schönen Landstrich im Nordosten der Oberpfalz. Wer die wild-herbe Landschaft auf einem der zahlreichen Wanderwege erkunden will, übernachtet am besten im Bayerischen Hof. Wanderkarten und -führer werden an der Rezeption zur Verfügung gestellt, Wanderstöcke und weitere Ausrüstung können ausgeliehen werden und die Gastgeber geizen nicht mit wertvollen Geheimtipps. Eine im mediterranen Stil gestaltete Terrasse und ein lauschiger Biergarten laden nach der Anstrengung des Tages zum Verweilen ein, Sonnenanbeter finden auf der großen Wiese ein bequemes Plätzchen in einem der Liegestühle.

KONTAKT
Hotel Bayerischer Hof Waldsassen
www.bayerischerhof-waldsassen.de
Gastgeber: Wolfgang Sperber
Bahnhofstraße 15
95652 Waldsassen
Telefon: 09632-923130

HOTEL UND RESTAURANT SIND MITGLIED BEI DEN „GE(H)NUSS-GASTGEBERN" DES GOLDSTEIG-FERNWANDERWEGES.

Zur Stieglmühle

Das idyllisch am Fuß des Steinwalds gelegene Wirtshaus zur Stieglmühle ist ein Geheimtipp für alle, die gerne ausgezeichnet und zugleich bodenständig essen. Und das gilt natürlich auch für die hungrigen Radler auf dem Steinwald-Radrundweg, der direkt am stattlichen Mühlenhaus vorbeiführt. Zur bewegten Geschichte der Stieglmühle, 1591 erstmals urkundlich erwähnt, zählen einige Besitzerwechsel und sogar eine Zwangsversteigerung, mehrmals wütete Feuer in den altehrwürdigen Gemäuern. Der Mahlbetrieb von Getreide wurde um die Mitte des 20. Jahrhunderts aufgegeben, die Sägemühle war schon lange vorher stillgelegt worden. Der letzte Nachkomme der Müllersfamilie lebte bis 1995 allein in den Gebäuden und hinterließ nicht weniger als 36 Erben. Baron Eberhard von Gemmingen-Hornberg, der jetzige Besitzer, ließ die Mühle schließlich mit viel Gespür für die wertvolle alte Bausubstanz zum schmucken Landgasthaus umbauen.

Wirt Uwe Gläßl kocht nicht nur selbst, er ist auch Metzgermeister. Er serviert seinen Gästen frisches Wild aus dem Steinwald, fangfrischen Fisch aus den umliegenden Teichen und auch

AUSGEZEICHNETE
BAYERISCHE
KÜCHE

die Kartoffeln und das Gemüse kommen aus der Region. Verarbeitet werden mit Vorliebe Naturgewürze und Kräuter. Diese Qualität schmeckt man natürlich. Die Wurstspezialitäten aus der eigenen Metzgerei kommen nicht nur im Gasthaus auf den Tisch, viele Gäste nehmen sie auch gern als Konserve mit nach Hause.

Vor allem die Küche dürfte dafür verantwortlich sein, dass die Stieglmühle schon dreimal im Wettbewerb „Bayerische Küche" ausgezeichnet wurde. Aber auch das Wirtshaus selbst ist blitzsauber herausgeputzt: Sowohl die helle Gaststube als auch die „Müllerstube" mit alten Wand- und Deckenfassungen und Schablonenmalerei sind aufwendig und mit viel Liebe renoviert worden. An warmen Tagen ist der Biergarten ein absolutes Muss. Ein großer Spielplatz und viele Tiere sorgen auch bei den Kindern dafür, dass keine Langweile aufkommt.

KONTAKT
Wirtshaus Zur Stieglmühle
www.stieglmuehle.de
Gastgeber: Uwe Gläßl
Stieglmühle 1
95679 Waldershof
Telefon: 09231-702235

JEDEN DONNERSTAG GIBT ES
HERZHAFTES KRONFLEISCH.
EBENFALLS EIN GEHEIMTIPP:
DIE SCHLACHTSCHÜSSEL.

Oberfranken

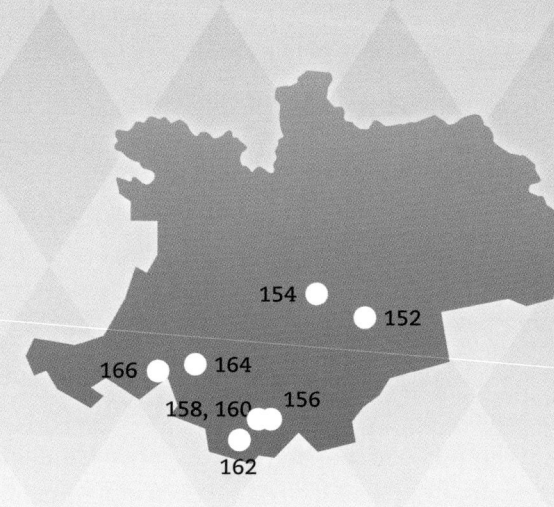

154
152
166
164
158, 160
156
162

Lohmühle

D as Hotel Lohmühle steht auf historischem Boden: Seit dem Jahr 1446 ist eine Mühle an genau diesem Ort belegt. Über die Jahrhunderte hinweg wurde am Bayreuther Mühlbach aber nicht nur Getreide gemahlen. Verschiedene Müller nutzten das Gebäude auch als Schneid-, Papier- oder Lohmühle. In einer Lohmühle wurden die für die Gerberei notwendigen pflanzlichen Gerbmittel, vor allem Fichten- und Eichenrinden, zerkleinert. Das heutige Haus steht seit 1979 auf den Grundmauern der letzten aktiven Mühle.

„Man sollte seine Gäste stets wie seine eigene Familie verwöhnen." Nach diesem Motto wird in Hotel und Restaurant gearbeitet und das merkt man den regionalen wie internationalen Speisen an, die in familiärer Runde serviert werden. Beste Qualität und absolute Frische sind Ehrensache. Süßwasserfische schwimmen bis zur Zubereitung im hauseigenen Bassin, bevor sie fangfrisch als Karpfen „blau" oder Forelle „Müllerin" auf den Tisch kommen. Klassisch fränkisch wird es z.B. mit dem Sauerbraten vom Tafelspitz an Lebkuchensoße, Apfelrotkraut und Bayreuther Klößen. Besonders erwähnenswert ist ein Genuss, in den man als

AUSGEZEICHNETE
BAYERISCHE
KÜCHE

Oberfranken
Bayreuth

Übernachtungsgast des Hotels kommt: Das Frühstück lässt keine Wünsche offen. Kompotte und Fruchtquark sind selbstgemacht, frischer Waffelteig steht täglich neben dem heißen Waffeleisen bereit. Zur Saft-Ecke gesellt sich eine Müsliabteilung mit diversen Bio-Getreidesorten. Steht in Bayreuth zur Wagner-Festspielzeit wieder alles Kopf, wird das morgendliche Angebot für die Opernfreunde sogar noch um Milchreis und Grießbrei erweitert.

Mit Blick auf den rauschenden Mühlbach schmeckt es in den einladenden Gaststuben, dem durch Hecken abgeschirmten Biergarten oder auf der Terrasse direkt am Wasser noch einmal so gut. Wer den intimeren Rahmen schätzt, speist im „Kaminzimmer". Das Stadthotel mit altfränkischem Flair wartet mit 42 Zimmern und einer Ferienwohnung auf seine Gäste. Ein Romantik-Zimmer mit Himmelbett und Kamin lässt die Herzen aller Verliebten höher schlagen.

KONTAKT
Hotel Lohmühle
www.hotel-lohmuehle.de
Gastgeberin: Martina Groh-Walter
Badstraße 37
95444 Bayreuth
Telefon: 0921-53060

ROMANTIK PUR IM HOTEL LOHMÜHLE: AM BESTEN IM ANSCHLUSS AN EINE SCHLÖSSERTOUR DURCHS SCHÖNE OBERFRANKEN.

Hagleite

In unmittelbarer Nachbarschaft zur Plassenburg liegt in Kulmbach das Restaurant Hagleite. Von seiner Sonnenterrasse aus hat man einen wunderbaren Blick auf die trutzige Festungsanlage. Von 1338 bis 1806 war sie im Besitz der Burggrafen von Nürnberg und späteren Markgrafen Brandenburgs aus dem Haus Hohenzollern. Heute sind das Museum „Hohenzollern in Franken", das „Armeemuseum Friedrich der Große" und das „Deutsche Zinnfiguren-Museum" in der Burg untergebracht. Einige Räume und der schöne Arkadenhof können auch für private Feierlichkeiten angemietet werden. Das Restaurant Hagleite sorgt dann mit einem Catering auf der Plassenburg für stimmige kulinarische Höhepunkte.

1965 übernahm Wirt Günter Limmer das Gasthaus von seinen Eltern. Die Küche ist mal fränkisch gutbürgerlich, mal mediterran, aber immer abwechslungsreich und vor allem schmackhaft. Die Hagleitner Spezialitäten vom Grill lassen dabei das Herz eines jeden Fleischliebhabers höher schlagen – z.B. mit „Evas Verlockung", zarten Schweinemedaillons an Calvadossoße. Auch der „Feuerspieß", den schon Thomas Gottschalk in jungen Jahren

AUSGEZEICHNETE
BAYERISCHE
KÜCHE

hier gegessen hat, ist ein Renner. Sonntags gibt es eine Auswahl traditioneller Festtagsbraten wie den fränkischen Sauerbraten „Wie ihn die Großmutter zubereitete" oder die Rinderroulade „Wie Großmutter sie kochte und Großvater sie mochte". Dem kulinarischen Kalender folgend, sind Feiertage wie Aschermittwoch oder Karfreitag dem Fisch gewidmet. In der Hagleite pflegt man diese Tradition mit der Zubereitung von Stockfisch altkulmbacher Art – eine Rarität und ein Muss für alle Gourmets.

Bierfreunden sei noch die Teilnahme an der „Heiteren Kulmbacher Bierprobe" empfohlen. Nach der titelgebenden Verkostung einiger süffiger Tropfen wird ein Fass Pils angezapft – vom Gast höchstpersönlich. Und wenn dieser dabei Können beweist, bekommt er die Schürze des Wirts überreicht. Zum Abschluss wird ein ganz besonderer Digestif gereicht: ein flambiertes Bier.

KONTAKT
Restaurant Hagleite
www.hagleite.de
Gastgeber: Günter Limmer
Matth.-Schneider-Straße 6
95326 Kulmbach
Telefon: 09221-4231

Drei Linden

Wer die kleine Flucht aus dem Alltag sucht, ist im Gasthof Drei Linden mitten in der Fränkischen Schweiz herzlich willkommen – zwischen der hervorragenden Küche des Wirtshauses und der beeindruckenden Landschaft der Region ist das Ausbüchsen eine Kleinigkeit. Die Wirtsleute geben gerne Tipps zu den besten Wanderrouten oder zeigen ihren Gästen bei einer geführten Tour gleich selbst die schönsten Plätze im Trubachtal.

„Handwerk fürs Mundwerk", lautet das Motto am Herd. Das steht für bodenständige, fränkische Kochkunst – die so gut ist, dass die Gastgeberfamilie Schmitt zu den offiziellen „Genussbotschaftern der Region Oberfranken" gehört. Besonders am Herzen liegt den Schmitts auch die vegetarische Ernährung. Der fleischlose Genuss ist in den Drei Linden kein Modetrend, geschlemmt wird hier schon lange mit Fokus auf vegetarischen und auch veganen Gerichten und das aus Überzeugung. Die selbstgemachten Nudeln mit Steinpilzen und frischen Kräutern aus dem eigenen Garten oder die gebratenen „Kürbisknöpfla" auf Kartoffel-Kürbispüree und glasierter Roter Bete setzen diese Philosophie köstlich um.

AUSGEZEICHNETE
BAYERISCHE
KÜCHE

Oberfranken
Obertrubach-Bärnfels

In der Küche weiß man allerdings auch mit Fleisch und Fisch ausgezeichnet umzugehen. Zu den saisonalen Spezialitäten gehören das Wild aus den Wäldern rund um Bärnfels und die legendären „fränkischen Hummer", Flusskrebse aus dem Ailsbach, die sich bis zur Zubereitung in einem Bassin am Haus tummeln – mehr Frische geht kaum. Auch die Hauptzutaten für so manch anderes Fischgericht werden lebendfrisch geliefert und erst vor Ort zerlegt.

Übernachtungsgäste finden im Gasthof Drei Linden dreißig helle und freundliche Zimmer. Das reichhaltige Frühstücksbuffet mit hausgemachten Marmeladen garantiert den perfekten Start in den Tag. Für Unterhaltung sorgen wechselnde Veranstaltungen wie ein spannendes Krimi-Dinner: Zum Vier-Gänge-Menü serviert eine Theatertruppe eiskalten Mord.

KONTAKT

Gasthof Drei Linden
www.drei-linden.com
Gastgeber: Heinrich Schmitt
Dorfstraße 38
91286 Obertrubach-Bärnfels
Telefon: 09245-9188

DIE GÄNSE, DIE ZU MARTINI UND WEIHNACHTEN SERVIERT WERDEN, STAMMEN AUS EIGENER AUFZUCHT.

Krone

Das Hotel Krone ist ein Haus mit Geschichte und Flair. Seit 1907 befindet es sich in Familienbesitz. In direkter Nachbarschaft zur wunderschönen Wallfahrtsbasilika Zur Hl. Dreifaltigkeit – erbaut von Balthasar Neumann, einem der bedeutendsten Baumeister des Barock und Rokoko – lohnt sich die Einkehr auf der Sonnenterrasse mit Blick auf das barocke Meisterwerk und den Marktplatz von Gößweinstein.

Die Küche bietet eine vielseitige Auswahl an Speisen mit deutlich fränkischem Einschlag. Deftig darf es zugehen, wenn Leckereien wie der Krustenschweinebraten in Braunbiersoße oder der Sauerbraten mit Apfelrotkohl und fränkischen Klößen auf den Tisch kommen. Bekannt ist die Krone aber für ihre süßen Versuchungen: Windbeutel, klassisch süß oder pikant gefüllt, und Apfelstrudel sind hausgemacht, ebenso wie die täglich frische Auswahl an „Omas Blechkuchen" – viele davon sind Eigenkreationen, deren Rezepte in der Familie gehütet werden.

Im biologischen Obstgarten hinter dem Haus stehen achtzig Obstbäume verschiedenster Art. Die unbehandelten Früchte sind die Grundlage der selbst eingemaischten Obstbrände. Eine kleine

Hühnerfarm sorgt für frische Eier aus artgerechter Freilandhaltung. Gelegentlich wird im alten Schlachthaus noch „Zwetschgabamers" geräuchert: Diese fränkische Spezialität, ein geschmackvoller Rinderschinken, der auf Zwetschgenholz geräuchert wird, passt hervorragend zu einer Brotzeit.

Die Fränkische Schweiz kann auf über 4.500 Kilometern Wanderwegen entdeckt werden. Wer die Auszeit in der ursprünglichen Landschaft sucht und dazu noch eine nostalgische Ader hat, bucht ein Zimmer im Hotel Krone: Das Haus wurde zwar mit viel Liebe zum Detail renoviert, die Gästezimmer sind aber noch original aus den 30er Jahren erhalten. Im Etagenbereich sorgen Möbel und Familienbilder aus dem späten 19. Jahrhundert für eine ganz besondere Atmosphäre. Zeitgemäßes Wohnen bietet das Gästehaus „Frankenland" mit zimmereigenen Bädern und gemütlichem „Kaminstüberl".

KONTAKT

Hotel Krone
www.krone-goessweinstein.de
Gastgeberin: Dominika Brendel
Balthasar-Neumann-Straße 9
91327 Gößweinstein
Telefon: 09242-207

DER BALTHASAR-NEUMANN-RUNDWANDERWEG MACHT LUST AUF DIE BELIEBTE WALLFAHRERTORTE IN DER KRONE.

Stempferhof

Der Stempferhof ist von einer hauseigenen Park- und Kneip-panlage umgeben und präsentiert sich als modernes Vier-Sterne-Hotel mit stilvollen Zimmern und Suiten am Ortsrand von Gößweinstein. Die zentrale Lage direkt im Herzen der frän-kischen Schweiz macht das Haus zu einem attraktiven Ausgangs-punkt für Unternehmungen aller Art – hier vergisst man den Alltag.

In den eleganten, hellen Räumen des Restaurants mit ge-mütlichem Wintergarten und Café werden auch die Wünsche anspruchsvoller Gourmets erfüllt. Kulinarisch bewegt sich die Küche gekonnt von regionalen Speisen mit Frischebonus und wechselnden Schmankerln nach Jahreszeit zu internationalen Spezialitäten. Das Team achtet auf höchstmögliche Transparenz bei der Herkunft der verwendeten Produkte und auf eine verant-wortungsvolle Ökobilanz. Der direkte Einkauf bei heimischen Erzeugern ist dabei für alle Seiten von Vorteil: Die Region wird gestärkt und Qualität garantiert. Bio-Fleisch kommt z.B. aus der traditionellen Landwirtschaft des Guts Schönhof und sorgt z.B. als Carpaccio vom Weiderind für den richtigen Gaumenkitzel.

AUSGEZEICHNETE
BAYERISCHE
KÜCHE

Alle Speisen werden hausgemacht von der Fränkischen Festtagssuppe bis zu den Blaubeerpfannkuchen. Dem berühmten Barock- und Rokokobaumeister und Erbauer der Gößweinsteiner Wallfahrtsbasilika Balthasar Neumann wurde auf der Karte ein eigenes Gericht gewidmet – eine Empfehlung des Hoteldirektors höchstpersönlich: Das „Balthasar Neumann Dreierlei" ist eine Auswahl heimischer Spezialitäten und wartet u.a. mit Schweinefilet an deftiger Wallfahrtsbiersoße auf.

Der Stempferhof wurde von Grund auf renoviert und 2007 neu eröffnet. Im Winter entspannt man am besten in der Lounge mit Kamin, im Sommer ist die überdachte Terrasse dafür ideal. Eine Besonderheit ist die hasueigene Wellnesoase „Medical Spa". Herzliche Rundum-Betreuung und die Hochzeitssuite lassen jedes Brautpaar auf Wolke 7 schweben.

KONTAKT
Stempferhof GmbH
www.stempferhof.de
Gastgeber: Hotel u. Restaurant
Stempferhof GmbH
Badangerstraße 33
91327 Gößweinstein
Telefon: 09242-74150

AN FEIERTAGEN WIRD EIN REICHHALTIGER BRUNCH ANGEBOTEN.

Sponsel

1682 feierte in Kirchehrenbach das seit über hundert Jahren von Familie Sponsel betriebene Gasthaus Richtfest. Diese stolze gastgeberische Tradition wird heute von Fritz Sponsel als aktuellem Chef in fünfter Generation fortgeführt, während die sechste bereits am Herd ihr Talent beweist.

Fritz Sponsel nennt stolz eine Brennerei sein Eigen: Erntefrische Birnen, Zwetschgen, Kirschen, Marillen und vieles mehr, was in den Obstgärten der Region heranreift, werden zu besten Bränden und Likören verarbeitet. Die edlen Tropfen können im Restaurant verkostet oder in schöner Verpackung mit nach Hause genommen werden und sie finden sich auch auf der Karte wieder: Das Drei-Gänge-Menü „Genuss mit Schuss" empfiehlt sich nicht nur als perfekter Abschluss einer Brennereiführung.

Tradition bedeutet für das Sponsel-Team im Einklang mit dem Land zu leben und zu wirtschaften. Lange bevor der Trend Richtung Bio wies, war die artgerechte Haltung und Aufzucht ihrer Tiere auf dem Hof der Familie eine Selbstverständlichkeit. Heute wie damals wird auch das Getreide für das selbstgebackene Steinofenbrot auf den eigenen Feldern angebaut. Zugekauft

AUSGEZEICHNETE
BAYERISCHE
KÜCHE

Oberfranken
Kirchehrenbach

wird nur von benachbarten Bauernhöfen, die die hohen Qualitätsstandards der Sponsels mittragen. Diese rustikale und naturnahe Gastronomie folgt ebenso naturgemäß dem Jahreslauf, die Karte orientiert sich an saisonalen Spezialitäten, denn frisch vom Feld, Baum oder Strauch schmeckt es am besten. In den kalten Wintermonaten setzen die Küchenmeister warme Eintöpfe mit viel Kreativität neu in Szene, im Sommer gibt es phantasievolle, leichte Gerichte. Eine jahrhundertealte Kochtradition hat dazu jedes Frühjahr ihren lang erwarteten Auftritt: Milchzicklein von den Wacholderweiden des fränkischen Jura.

Die Einrichtung der Gaststube ist schlicht gehalten, aber urgemütlich mit viel warmem Holz. Regionale Künstler, die ihre Werke im Wirtshaus ausstellen dürfen, verwandeln den Raum immer wieder in eine kleine Galerie.

KONTAKT
Brennerei-Gasthaus Sponsel
www.gasthaus-sponsel.de
Gastgeber: Fritz Sponsel
Hauptstraße 45
91356 Kirchehrenbach
Telefon: 09191-94448

EIN SOMMERLICHER BESUCH
IM ZUM SPONSEL GEHÖRIGEN
BIERGARTEN „LINDENKELLER"
IST EIN MUSS.

Lahner

Im Herzen der Fränkischen Schweiz, mitten im Städtedreieck Bayreuth, Bamberg und Nürnberg, findet man im Wirtshaus Lahner einen Ruhepol umgeben von wunderschöner Landschaft. Küchenmeister Marcus Müller hatte im Jahr 2010 die Möglichkeit, im schönen oberfränkischen Veilbronn den alteingesessenen Gasthof zu übernehmen und zögerte nicht lange. Aus dem Traditionshaus wurde ein Familienbetrieb – Marcus schwingt mit viel Talent den Kochlöffel, während ihn seine Eltern Rosemarie und Raimund vor und hinter den Kulissen unterstützen.

Traditionell fränkische Spezialitäten wie das bekannte „Schäuferle", der Schweinebraten mit der unverwechselbar röschen Kruste, gesellen sich auf der Karte zu kreativen Überraschungen der gehobenen Kochkunst. Der junge Küchenchef ist offen für Experimente, seine große Leidenschaft ist dabei das „Foodhunting", die Suche nach immer neuen Produkten, Gewürzen und Möglichkeiten, diese innovativ zu kombinieren. Auf so mancher Reise in die weite Welt war er bereits auf der Jagd nach neuen Geschmackserlebnissen. Es gibt kaum etwas, was er nicht schon probiert und bei Gefallen als Inspiration für

AUSGEZEICHNETE
BAYERISCHE
KÜCHE

Oberfranken
Heiligenstadt

seine eigene Küche genutzt hat – wie ein Gericht von der Insel Bali: „Das Curry muss nach Sommer schmecken", meint Marcus Müller und genau diesen einzigartigen Geschmack hat er auch in seiner bayerisch-balinesichen Kreation eingefangen.

In der Küche des Landgasthofs ist eine bestimmte Zubereitungsart, das Sous Vide-Verfahren, besonders beliebt. Dabei werden Fleisch, Fisch und Gemüse bei niedrigen Temperaturen im Vakuum-Schlauch schonend gegart und bleiben dabei saftig und aromatisch. Steht einem mehr der Sinn nach aktiver Erlebnisgastronomie oder will man in größerer Runde einen geselligen Abend verbringen, dann empfiehlt sich der „Heiße Stein": Beste Zutaten vom Fleisch bis zu den passenden Beilagen kommen frisch an den Tisch und dürfen vom Gast je nach Vorliebe selbst gegrillt werden.

KONTAKT
Landgasthof Lahner
www.landgasthof-lahner.de
Gastgeber: Familie Müller
Veilbronn 10
91332 Heiligenstadt
Telefon: 09198-928990

HAUSGEMACHTE BESONDERE EISSORTEN WIE LIEBSTÖCKL-, KREN- ODER SPARGELEIS SOWIE APFELBLÜTEN- ODER TANNEN-SPITZENSORBET WOLLEN PROBIERT WERDEN.

Wurm

Moderne und Tradition werden gekonnt vereint im Gast-haus-Hotel Wurm. Seit 150 Jahren befindet es sich in Familienbesitz und das Wirtsehepaar Georg und Anita Wurm führt das Haus in mittlerweile fünfter Generation mit viel En-gagemant und herzlicher Gastlichkeit.

Die angebotenen Speisen orientieren sich an der heimi-schen, saisonalen Küche, sind raffiniert und „typisch fränkisch mit kleinen Seitensprüngen". Viele Produkte stammen aus der eigenen Landwirtschaft. Auch Kräuter, Erdbeeren und Kartof-feln werden im Garten gezogen. Was zugekauft wird, kommt aus dem fränkischen Umland, denn kurze Lieferwege und der Einkauf direkt beim Erzeuger garantieren nicht nur maximale Frische, sie fördern auch die Region und sichern den Erhalt des ebenso schönen wie wertvollen landwirtschaftlichen Natur- und Kulturraums.

Ab und an wird im Gasthaus Wurm noch selbst gebacken: Das Bauernbrot aus Natursauerteig ist frisch aus dem Holzofen eine echte Köstlichkeit und schmeckt zum Vorspeisentöpfchen Griebenschmalz genauso gut wie zu den deftigen fränkischen

AUSGEZEICHNETE
BAYERISCHE
KÜCHE

Brotzeiten. Nudeln und die wunderbaren Marmelade fürs Hotelfrühstück werden ebenso selbst gemacht.

Im „Ofenstübla" des Gasthauses macht man es sich nahe am Kachelofen in einer der Nischen gemütlich. Die „Bauernstube" und das „Nachtwächterstübla" bieten genug Platz für Feiern und Veranstaltungen. Der Biergarten mit jungen Linden und duftenden Hortensien lädt zum Verweilen ein und bei Regen wechselt man einfach in die geschützte „Brotlaube". Das Hotel punktet mit behaglich eingerichteten Räumen und individuell gestalteten Themenzimmern auf der „Blumenwiese" genannten zweiten Etage: Das „Mohnblumenzimmer" leuchtet z.B. in warmen Rottönen, während das „Maiglöckchenzimmer" mit frischem Grün Lust auf den Frühling macht. Erst im Mai 2014 wurde die neue „Obstwiese" mit „Zwetschgen-" oder „Birnenzimmer" eröffnet.

KONTAKT
Gasthaus-Hotel Wurm
www.gasthaus-wurm.de
Gastgeber: Georg, Anita u. Birgit Wurm
Ringstraße 40
96114 Hirschaid-Röbersdorf
Telefon: 09543-84330

Unterfranken

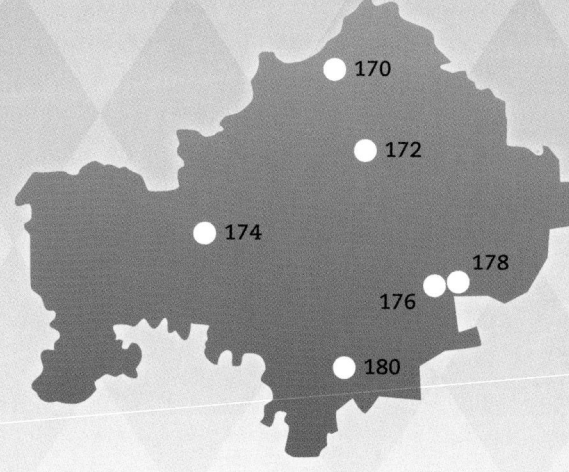

170

172

174

178

176

180

Fischerhütte Edwin

Das Fischlokal vor den Toren des Naturschutzgebiets Lange Rhön im Kerngebiet des UNESCO-Biosphärenreservats ist schon lange kein Geheimtipp mehr. Direkt am Bachlauf der Sonder taucht die Fischerhütte Edwin mit ihrer modernen, luftigen Architektur aus dem saftigen Grün der Bäume auf: ein schönes Fleckchen Erde. Der Großvater der heutigen Inhaber stand Pate für den Namen des beliebten Restaurants. Jeder Gast, der außer einem guten Appetit auch etwas Zeit zum Genießen mitbringt, ist hochwillkommen. Die Muße zum Genuss mit allen Sinnen stellt sich in den hellen und freundlichen Räumen aber auch schnell von ganz allein ein.

Von der Terrasse aus hat man einen wunderbaren Blick in die Natur – und auf vier große Forellenteiche. Die eigene Rhönforellenzucht der Fischerhütte wird vom kristallklaren Wasser des Sonderbachs gespeist, der im nahen Naturschutzgebiet entspringt und mit Trinkwasserqualität für beste Bedingungen sorgt. „Fangfrisch" ist ein Motto, das sich so leicht umsetzen lässt. Aus dem Teich direkt auf den Teller kommen die Fische dann als Rhönforelle „nach Art der schönen Müllerin", knusprig

AUSGEZEICHNETE
BAYERISCHE
KÜCHE

mit Kräuterbutter überbacken oder als Filets kross gebraten und mit frischen Champignons, buntem Wurzelgemüse und einer holländischen Soße serviert. Auch geräuchert wird selbst im Haus: Der Vorspeisenteller „Opa Edwin" vereint einige dieser aromatischen Erzeugnisse zum Probieren an verschiedenen Soßen, Butter und Weißbrot auf einer Platte.

Auch wenn sich in der Fischerhütte in erster Linie alles um den Fisch und seine perfekte Zubereitung dreht, kommen Fleischesser und auch Vegetarier hier keinesfalls zu kurz. Eine saisonale Zusatzkarte sorgt für weitere Abwechslung und bietet den Spezialitäten der jeweiligen Jahreszeit eine kulinarische Bühne. Küchenchef Michael Fischer passt mit seinem Namen nicht nur wunderbar in die Fischerhütte, er sorgt mit seinem Team auch gekonnt für die hervorragende Verarbeitung aller regional bezogenen Produkte.

KONTAKT

Fischerhütte Edwin
www.fischerhuette-edwin.de
Gastgeberin: Bettina Herbert
Herbertsweg 1
97656 Ginolfs
Telefon: 09774-858338

AN SONN- UND FIERTAGEN EINE SÜNDE WERT: SELBSTGEBACKENE TRADITIONELLE KUCHEN VOM BLECH WIE DER „RHÖNER PLOATZ".

Bayerischer Hof Bad Kissingen

Mitten in der bekannten unterfränkischen Kurstadt Bad Kissingen liegt das Hotel Bayerischer Hof mit Restaurant. Noch bis 1969 als Wohnhaus und Buchdruckerei genutzt, liegt die Leitung des heutigen Gasthofs in den Händen von Küchenchef Christian Dösch. Kurgäste, Feinschmecker, Ausflügler und Erholungssuchende sind in Hotel, Pension und Wirtshaus herzlich willkommen.

Die Verbundenheit mit der Region schlägt sich auch in der Entscheidung für heimische Produkte nieder. Im Bayerischen Hof werden nur Lebensmittel regionaler Erzeuger verwendet. Fleisch, Eier, Nudeln, Obst und Gemüse: Alles kommt aus dem Umkreis und hat nicht zuletzt durch die kurzen Transportwege die bestmögliche Qualität. Regionale, aber auch internationale Spezialitäten werden frisch und ohne Geschmacksverstärker zubereitet. Auch die angebotene abwechslungsreiche Diätkost beweist volles Aroma.

Direkt hinter dem Restaurant, an der schönen Salinenpromenade, lädt der Biergarten zu sommerlichem Verweilen ein. Lässt das Wetter es zu, wird der große Spanferkelgrill angeheizt.

AUSGEZEICHNETE
BAYERISCHE
KÜCHE

Plant man eine Feier oder auch nur einen geselligen Abend in größerer Runde, kann man den Grill auch für ein privates Spanferkelessen mieten – zum knusprigen Ferkel werden zahlreiche Beilagen gereicht.

Die Zimmer des Hotels versprechen ruhige Nächte, denn das Haus steht inmitten einer grünen Oase: Bad Kissingen hat mit dem Luitpold-Park und dem wunderschönen Rosengarten einige imposante Parkanlagen zu bieten. Kilometerlange Spazier- und Wanderwege entlang der Fränkischen Saale beginnen direkt am Hotel. Die Kombination von Urlaub und gesundheitlichem Wohlbefinden lässt sich im Wellnessbereich mit Sauna und Kaminzimmer umsetzen. Eine eigene Kurabteilung bietet dazu Massagen aller Art, medizinische Kräuterbäder und verschiedene Mooranwendungen an.

KONTAKT
Restaurant Bayerischer Hof
Bad Kissingen
www.doesch-kg.de
Gastgeber: Familie Dösch
Maxstraße 9
97688 Bad Kissingen
Telefon: 0971-80450

Kessler

Dort, wo einst die legendären Spessarträuber ihr Unwesen trieben, lädt Gastgeber und Chefkoch Thomas Kessler heute in seinen gemütlichen Landgasthof ein. Bereits in vierter Generation wird hier noch jeder Gast persönlich und familiär umsorgt. Umgeben von den ausgedehnten Laubwäldern des Spessarts, ist das familiengeführte Wirtshaus auch ein idealer Ausgangspunkt für Wanderungen und Fahrradtouren.

Der Gasthof ist Mitglied der Aktionsgemeinschaft „Frische aus Main-Spessart". Gastronomen, Landwirte und Winzer der Region haben sich im Oktober 2002 zusammengeschlossen, um Ökologie und Wirtschaftlichkeit miteinander zu verbinden. Ziel ist es, heimische Produkte von höchster Qualität in die Töpfe und Pfannen der Köche zu bringen und eine Plattform für die hierfür notwendigen Kontakte zu schaffen. Im Kessler wird die Maxime des Verbands „Heimat auf dem Teller" täglich umgesetzt. Die marktfrischen Zutaten kommen von Bauern und Metzgern aus der Umgebung, das Fleisch für das Carpaccio vom Rinderfilet stammt z.B. vom Bauer Jeckl. Traditionelle Rezepte, wie man sie noch von der Großmutter kennt, sind die Spezialität

AUSGEZEICHNETE
BAYERISCHE
KÜCHE

des Küchenchefs: die fränkische Kartoffelsuppe mit gebackener Blutwurst etwa oder der „Frammersbacher Fuhrmannstopf" mit Schweinelendchen, Mehlspatzen, Kren, Zwiebeln, Kräuterbutter und Speck. Internationale Ausflüge – mit Burrito und Chimichanga geht es für alle Feinschmecker nach Mexiko – erfreuen dazu wanderlustige Gaumen.

Küchenmeister Kessler teilt sein Wissen auch gern mit den Teilnehmern seiner regelmäßig stattfindenden Kochkurse – aber Achtung: Die Tipps und Tricks gibt es normalerweise nur exklusiv für Männer! Ab sechs kochwilligen Herren ist auch ein privater Kurs möglich. Eher der Damenwelt gewidmet ist ein stimmungsvoller Höhepunkt des Kessler-Jahres: die „Nacht der 1.000 Lichter". Die gemütlichen Galasträume erstrahlen dann im Licht unzähliger Kerzen.

KONTAKT
**Landgasthof Kessler
Betriebs GmbH**
www.landgasthof-kessler.de
Gastgeber: Thomas Kessler
Orberstraße 23
97833 Frammersbach
Telefon: 09355-1236

IM KOCHBUCH „FRISCHE AUS MEIN-SPESSART" SIND DIE BESTEN REZEPTE ALLER MITGLIEDER VERSAMMELT: IM LANDGASTHOF KESSLER ERHÄLTLICH!

Zum Storch

Der Gasthof zum Storch, 1658 bereits erstmals urkundlich erwähnt, ist ein echter Traditions- und Familienbetrieb: Seit sieben Generationen wird er von der Familie Wanya-Geisendörfer geführt. Brauchtum und Moderne schließen sich in den Mauern des für die Region typischen Gasthofs aber nicht aus: Im Storch pflegt man die reiche Wirtstradition in guter Kombination mit einer frischen, raffinierten Frankenküche.

Auf den Tisch kommt, was auch der Gastgeberfamilie schmeckt: Regionale Gerichte, die nur aus besten Zutaten zubereitet werden. Vertrauen in die heimischen Erzeuger ist dabei das A und O, die Wirte kennen ihre Lieferanten persönlich. Wild kommt aus dem Steigerwald, Brot vom dorfeigenen Bäcker und der Salat von den benachbarten Höfen. Das ist Nachhaltigkeit auf fränkisch und bedeutet auch, sich der saisonalen Küche zu verschreiben: Jede Jahreszeit hat ihre Spezialitäten und erntefrisch schmecken sie am besten. Zum Storch gehört ein kleines, aber umso ambitionierteres Weingut. In der Lage Prichsenstädter Krone, geschützt zwischen Mainschleife und Steigerwald, wachsen die Reben, im eigenen Gewölbekeller werden die Weine ausgebaut. Die Stor-

AUSGEZEICHNETE
BAYERISCHE
KÜCHE

chenweine und den Storchen-Secco kann man im Winzerhof oder dem eigentlichen Wirtshaus verkosten. Wer auf den Geschmack gekommen ist, nimmt sich ein paar Flaschen des Lieblingstropfens mit nach Hause oder nutzt den Versandhandel. Ganzjährig finden diverse Weineevents rund um die hauseigenen Frankenweine statt.

Schon Prinzregent Luitpold von Bayern hat einst im Storchen getafelt. Die nach diesem Ereignis benannte „Prinzregentenstube" und die große Gaststube atmen mit ihrer urigen schwarzen Eichenvertäfelung noch den Geist der „guten alten Zeit". Lüsterweibchen – eine aus dem Mittelalter stammende Form von auf-

wendig mit weiblichen Figuren verzierten Kronleuchtern – verbreiten dazu stimmungsvolles Licht. Imposant ist die „Kutschenremise": Liebevoll gepflegte historische Kutschen leisten den Gästen Gesellschaft und zeugen von Opa Peters Sammlerleidenschaft.

KONTAKT
Gasthof & Weingut Zum Storch
www.gasthof-storch.de
Gastgeberin: Susanne Wanya
Luitpoldstraße 7
97357 Prichsenstadt
Telefon: 09383-6587

AUF NACHFRAGE WERDEN FÜHRUNGEN DURCH DIE PRIVATE KUTSCHEN-SAMMLUNG ANGEBOTEN.

Der Brunnenhof

Idyllisch ist es in Unterfranken und ganz besonders in Handthal nahe Oberschwarzach, wo der Brunnenhof malerisch in der grünen Landschaft sitzt. Der Handthaler Stollberg erhebt sich über dem beschaulichen Dorf: die höchste Weinlage Frankens und möglicherweise sogar Geburtsort des wohl berühmtesten Minnesängers des Mittelalters, Walther von der Vogelweide.

Der Brunnenhof wird nach einer einfachen Philosophie geführt: Den Gästen soll ein Stück Heimat bereitet werden. Chef Thomas Sauerbrey teilt sein Zuhause gerne mit allen Besuchern. In der eigenen Genuss-Manufaktur entstehen kleine Köstlichkeiten wie das Bärlauchpesto, die man im Hofladen zur Bereicherung der heimischen Küche erstehen kann. Über die Jahre hat man sich im Brunnenhof immer mehr der Regionalität und Nachhaltigkeit verschrieben. Die ausgezeichnete saisonale Küche setzt auf Produkte aus der nahen Umgebung, denn kurze Lieferwege garantieren maximale Frische. Fische tummeln sich bis zur Zubereitung im hauseigenen Bassin. Auch die Spezialität des Hauses – Bachsaibling „nach Art der Handthaler Winzer" in Silvanersoße mit Weintrauben – kommt nur fangfrisch in den Topf. Neben Klas-

AUSGEZEICHNETE
BAYERISCHE
KÜCHE

Unterfranken
Oberschwarzach

sikern wie des Frankens liebster Speise „Bratwörscht mit Kraut"
kommen auch Liebhaber alter Rezepte und saisonaler Genüsse
auf ihre Kosten: Bärlauch, Spargel, Pilze, Kürbis, Karpfen, Gänse
und Enten – manchmal raffiniert kreativ und manchmal bodenständig wie bei Großmuttern zubereitet. Die große Vesperkarte
verdient Beachtung: Hausgemachtes Hubertus-Griebenschmalz,
feine Wildsülze oder eine reichhaltige Handthaler Winzerplatte
erfreuen jeden Brotzeitmacher.

Die Jahreszeit bestimmt im Brunnenhof nicht nur die Küche,
sondern auch die liebevolle Dekoration der Gaststube. Im „Ro-
mantikgärtchen" kann man lauschi-
ge Stunden verbringen. Bei kulinarischen Events wird der Genuss mit
Unterhaltung verbunden. Ob Kri-
mi-, Kabarett- oder Glamour-Din-
ner: Ein erlesenes Menü sorgt in der
Kombination mit Gesang und Kunst
für den rundum gelungenen Abend.

KONTAKT
Der Brunnenhof
www.der-brunnenhof.de
Gastgeber: Thomas Sauerbrey
Handthal 6
97516 Oberschwarzach
Telefon: 09382-99828

VON ASCHERMITTWOCH BIS
KARFREITAG WIRD GEHALT-
VOLLES FASTENBIER AUS-
GESCHENKT.

Zum Stern

Der Gasthof Zum Stern liegt mitten im fränkischen Weinland, dem sogenannten Weindreieck um Würzburg, wo fast alle großen Spitzenlagen beheimatet sind. Ehrensache, dass auch die Familie Staudt eigenen Frankenwein von hoher Qualität und ausdrucksvoller Art produziert. Auf gut drei Hektar Weinbergen wachsen insgesamt acht Rebsorten, die im Gewölbekeller trocken ausgebaut werden und vor der Abfüllung in Holzfässern heranreifen. Ein Besuch des alten Weinkellers lohnt sich.

Küchenchef Bernd Staudt legt am Herd viel Wert auf Tradition, wagt aber trotzdem den Blick über den fränkischen Tellerrand hinaus. Gerichte, die nach von Generation zu Generation weitergegebenen Rezepten gekocht werden, wechseln sich mit modernen kulinarischen Kreationen ab. Die Mostsuppe mit Croûtons oder die mit Birne und Blauschimmelkäse überbackenen Schweinelendchen sollte man probieren. Nicht fehlen darf die hausgemachte Sulzfelder Meterbratwurst, die im Stern in vielen Variationen – ob an Sauerkraut, „blau" oder mit Kloß – serviert wird. Die frischen Zutaten stammen dabei fast ausschließlich von regionalen Anbietern. Eine Auswahl der aktu-

AUSGEZEICHNETE
BAYERISCHE
KÜCHE

ellen Lieferanten findet sich für den interessierten Gast auf der Speisekarte.

Der unterfränkische Weinort Sulzfeld, von einer mittelalterlichen Stadtmauer umschlossen, gilt als historisches Kleinod und lädt zu einer Reise ein. Der schöne Fachwerkbau aus dem 15. Jahrhundert, in dem das Gasthaus seit 1877 untergebracht ist, beherbergt auch 25 geräumige Zimmer. Gepaart mit modernen Annehmlichkeiten, vermittelt die individuelle, liebevoll gestaltete Einrichtung nostalgische Behaglichkeit. Im Sommer schmeckt ein Glas Bacchus oder Dornfelder am besten unter den Bäumen oder in der Laube des hauseigenen Weingartens. Wer dem Wein nicht zugetan ist, kann auch auf anderweitige Erfrischungen setzen: Die Wirtschaft ist eine der ältesten Zapfstellen der familiengeführten Privatbrauerei Kesselring.

KONTAKT
Gasthof Zum Stern
www.stern-sulzfeld.de
Gastgeber: Bernd Staudt
Peuntgasse 5
97320 Sulzfeld
Telefon: 09321-13350

EINE UNSCHLAGBARE KOMBINATION: DIE METERLANGE BRATWURST UND EIN GLAS WEIN AUS EIGENEM ANBAU.

Mittelfranken

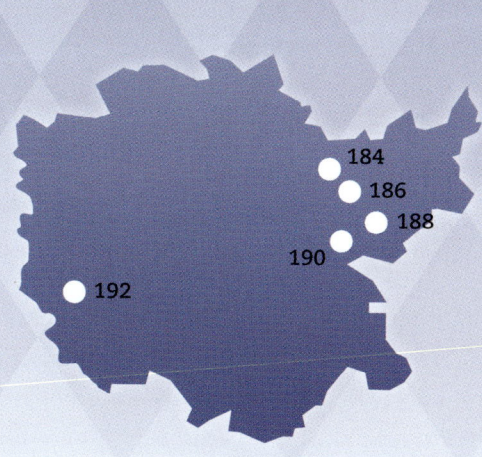

184
186
188
190
192

Krone

Der Landgasthof Krone ist seit 1850 im Besitz der Familie Schäfer. 2003 brannte das alte Klinkerhaus komplett aus, doch die Wirtsfamilie ließ sich nicht unterkriegen und baute ihren Hof ein Jahr später wieder auf. Seitdem kümmern sich die Seniorchefs Anita und Erwin wie gehabt persönlich um ihre Gäste, während Horst Schäfer in der Küche für die teils altbewährten, teils innovativen fränkischen Speisen verantwortlich ist.

Eine Spezialität des Hauses sind die Karpfen direkt aus dem nahen Aischgrund. Als Mitglied der Vereinigung „Karpfenland Aischgrund" weiß man in der Krone bestens mit den edlen Fischen umzugehen. Bis zur Bestellung und Zubereitung schwimmen sie in einem Bassin im Hof – höchste Frische ist garantiert. In den Genuss eines solchen Karpfens kommt man von September bis April, nur dann werden sie in der Krone auf verschiedenste Weise zubereitet. Freitags steht die klassische Schlachtschüssel mit hausgemachter Blut- und Leberwurst, Kesselfleisch und Salzknöchle auf der Karte. Die Köstlichkeiten stammen aus der eigenen Metzgerei, die den Gasthof auch mit den berühmten Bratwürsten und dem knusprigen „Schäuferle" versorgt. Aber auch

Mittelfranken
Erlangen

Vegetarier und Veganer kommen auf ihre Kosten, z.B. mit den feinen Gemüsenudeln oder den gebackenen Champignons, die mit pikantem Sauerrahmdip und buntem Salat serviert werden. Horst Schäfers feine fränkische Küche setzt dabei auf immer neue Kochmethoden, wie Niedertemperatur- oder Vakuumgaren. Seine persönlichen Lieblingsgerichte und moderne Variationen alter Klassiker finden sich in den „Empfehlungen der Woche".

Der Landgasthof Krone liegt zentral im Städtedreieck Nürnberg, Fürth, Erlangen und bietet sich somit hervorragend für Tagungen und Geschäftsreisende an. In zwölf zeitlos eingerichteten Zimmern kann man Kraft tanken für das nächste Meeting. Das Team der Krone ist auch auf jegliche Art von Feiern und Festen spezialisiert. Die Geräume sind in warmen Terrakottatönen gehalten und strahlen Behaglichkeit aus.

KONTAKT
Landgasthof Krone
www.landgasthofkrone.de
Gastgeber: Horst Schäfer
Talblick 5
91056 Erlangen
Telefon: 0911-763152

UNBEDINGT DIE KARTOFFELGERICHTE PROBIEREN: DIE SCHMACKHAFTEN KNOLLEN STAMMEN AUS EIGENEM ANBAU!

Gutmann am Dutzendteich

Die bekannte Brauerei Gutmann lädt ein in ihre Gaststätte am Nürnberger Dutzendteich. In den warmen Sommermonaten kann man mit einem Tretboot den See unsicher machen oder bei einer Regatta die Teilnehmer anfeuern.

Die Gastgeber sorgen für viel Abwechslung auf der Speisekarte: Frische, knackige Salate, wechselnde Tagessuppen und hausgemachte Kuchen lassen keine Wünsche offen. Als Brauereigaststätte stehen die Hefeweizen-Spezialitäten der Brauerei Gutmann im Vordergrund – und damit einhergehend die fränkische Küche mit Schäufele oder Nürnberger Bratwürsten nebst deftiger Vesper. Abgerundet wird das Angebot durch ideenreiche saisonale Speisekarten. Die als „Blaue Zipfel" bekannten fränkischen Würste sind im Gutmann rot und das liegt am Beerenweinsud: eine Spezialität, die man unbedingt probieren sollte. Zum Essen passt natürlich ein süffiges Gutmann. Ausgewählte Rohstoffe der Region aus kontrolliertem Anbau und das traditionelle, handwerkliche Brauverfahren mit Gärung im offenen Bottich und Nachreifung in der Flasche mit viel frischer Hefe sorgen für den einzigartigen Geschmack dieses Hefeweizens.

AUSGEZEICHNETE
BAYERISCHE
KÜCHE

Der Außenbereich der Wirtschaft mit Selbstbedienung bietet neben Biergartenbestuhlung auch eine Lounge. Sonnenhungrige Gäste können es sich in Holzsesseln und Liegestühlen unter Palmen gemütlich machen. Dazu kommt eine große Sonnenterrasse, auf der bedient wird. Von der „Wannerstube" mit Dachterrasse aus hat man einen erstklassigen Blick auf den Dutzendteich, im Winter wärmt ein großer Kaminofen. In der „Schwemm" werden Fußballspiele auf Großbildschirm übertragen und natürlich bevorzugt mit dem „Glubb", dem 1. FC Nürnberg mitgefiebert. Im Saal der Traditionsgaststätte ist mit der „Volksbühne Wanner" eine neue, gutbesuchte Kleinkunstbühne entstanden. Damit wurde in Nürnberg erfolgreich eine Nische zwischen Kabarett, Musik und Kleinkunst gefunden und etabliert.

KONTAKT

Gutmann am Dutzendteich
www.gutmann-am-dutzendteich.de
Gastgeber: Florian Brendel,
Peter Hahn, Hermann Hüttinger u.
Manfred Metz
Bayernstraße 150
90478 Nürnberg
Telefon: 0911-988187710

EGAL OB GRUNDIG-STADION, NORISRING, NÜRNBERG MESSE ODER EINFACH EIN SPAZIERGANG UM DEN DUTZENDTEICH: DAS „GUTMANN" IST GANZ NAH.

Burgschänke

Der Panorama-Gasthof Burgschänke empfängt seine Gäste im historischen Gemäuer der Burg Thann in Mittelfranken – eben jener Burg, auf der einst der berühmt-berüchtigte Raubritter Eppelein von Gailingen, der im 14. Jahrhundert sein Unwesen trieb, gefangen genommen und anschließend in Neumarkt für seine Taten gerädert wurde. Heute residiert hier das fränkische Wirtshaus mit Gästezimmern der Drei-Sterne-Kategorie und verspricht ein „Feuerwerk der Gastlichkeit".

Besonders hohen Wert legt Gastgeber Robert Reichinger auf Qualität, regionalen Ursprung und Marktfrische der Lebensmittel, die den Weg in seine Töpfe finden. Alle Zutaten werden mit viel Sorgfalt ausgewählt und direkt beim jeweiligen Erzeuger eingekauft. Gemüse und Salate stammen z.B. aus dem bekannten Nürnberger Knoblauchsland. Kontrollierter, integrierter Anbau ist dem Küchenchef ebenso wichtig wie der Herkunftsnachweis der verwendeten Fleischwaren. Fränkische Spezialitäten und hausgemachte Brotzeiten werden in der Burgschänke von süffigem Bier und einer umfangreichen Weinauswahl begleitet. Großer Beliebtheit erfreut sich auch das mittelalterliche

AUSGEZEICHNETE
BAYERISCHE
KÜCHE

Mittelfranken
Burgthann

Ritteressen im Gewölbekeller: Das siebengängige Rittermahl wird dabei von einem Rahmenprogramm mit Gauklern und mittelalterlicher Musik begleitet. Zur Einstimmung bietet sich vorab eine kurze Burgführung an.

Das Restaurant mit 120 Sitzplätzen ist ideal für jede Art von Familien-, Firmen- oder Vereinsfeier. Die verkehrsgünstige Lage und zahlreiche Parkplätze direkt an der Burg machen den Panorama-Gasthof zum perfekten Ausflugsziel. Im großen Wintergarten kann man bei einem beeindruckenden Blick übers Schwarzachtal herrliche Sonnenuntergänge erleben. Das „Burggärtla" direkt an der Mauer von Burg Thann ist vor allem im Sommer einen Besuch wert: Die alten Steinmauern geben in den Abendstunden die gespeicherte Wärme des Tages ab und bescheren den Gästen eine wunderbar laue Nacht.

KONTAKT
Panorama-Gasthof Burgschänke
www.burg-schaenke.de
Gastgeber: Robert Reichinger
Burgbergweg 4
90559 Burgthann
Telefon: 09183-956380

Leo's Goldener Stern

Im Mittelalter hatten Förster auch das Schankrecht inne und betrieben neben ihrer eigentlichen Arbeit im Wald oft noch ein Gasthaus. Der mittelfränkische Ort Kleinschwarzenlohe, „Swerzenloh" genannt, besaß zu früheren Zeiten gleich zwei Wirtshäuser dieser Art – das ältere der beiden ist der heutige Goldene Stern. Seit über 150 Jahren befindet sich das Haus in Familienbesitz und für Leonhard Maueröder ist es eine Herzensangelegenheit, diese jahrhundertealte gastgeberische Tradition fortzusetzen. In den historischen Mauern wird Kochkunst auf höchstem Niveau geboten.

Wirt Maueröder ist Koch und Gastgeber aus Leidenschaft. Sein Leitspruch stammt ursprünglich von Winston Churchill: „Man soll dem Leib etwas Gutes bieten, damit die Seele Lust hat, darin zu wohnen." Getreu diesem Motto setzt der Chef auf ehrliche, kreative und unverfälschte Spitzenküche, selbstverständlich basierend auf frischen Produkten von höchster Qualität. Die Speisekarte lockt mit regionalen wie internationalen Spezialitäten und saisonalen Highlights. Von urfränkischen, traditionellen Rezepten bis hin zum Sechs-Gänge-Gourmet-Menü ist in Leo's

AUSGEZEICHNETE
BAYERISCHE
KÜCHE

Mitelfranken
Wendelstein

Goldenem Stern für jeden Genießer etwas dabei. Wer in den ersten Monaten des Jahres einkehrt, sollte unbedingt die Fischgerichte probieren, denn bis Ende März ist Karpfenzeit. Die Fische liefern Teichwirte aus dem Umland frisch an, bevor sie raffiniert zubereitet werden. Dazu sorgt der hauseigene Kräutergarten für die nötige Würze.

Zu dem alten, typisch fränkischen Sandsteinhaus gehört auch ein großer Biergarten, einer der schönsten der Gegend. Die einzigartige Atmosphäre des historischen Bauernhofs macht den Besuch im Goldenen Stern aber ganzjährig zu einem besonderen Erlebnis. Der herzliche Service steht dem Gast mit Rat und Tat zur Seite und ist immer für einen Ratsch zu haben. Übrigens war Leo's Goldener Stern einer der ersten Betriebe, die mit dem Qualitätssiegel „Ausgezeichnete Bayerische Küche" prämiert wurden.

KONTAKT

Leo's Goldener Stern
www.leos-goldener-stern.de
Gastgeber: Leonhard Maueröder
Rangaustraße 31
90530 Wendelstein
Telefon: 09129-278300

Anna

Mittelfranken kann stolz sein auf seine Tradition, auf die schönen mittelalterlichen Städtchen, die gut erhaltenen Burgen und Schlösser und auf eine Natur, die man gern auf ausgedehnten Radtouren entdeckt. In der Gemeinde Schnelldorf im Naturpark Frankenhöhe hat nun die Moderne auf angenehmste Art Einzug gehalten: Das Hotel Anna mit Restaurant präsentiert sich zeitgemäß elegant. Ein Ambiente zum Wohlfühlen und außergewöhnlicher Komfort treffen hier auf eine feine und erlesene Küche.

Ob im Restaurant, auf der Terrasse oder in der Lounge – der Leitspruch „Ankommen, entspannen, Ruhe genießen" wird in gastgeberischer Perfektion umgesetzt. Kulinarisch bewegt man sich sicher zwischen regionalen und internationalen Köstlichkeiten mit mediterraner Präferenz, wobei in der Küche ausschließlich heimisch produzierte Zutaten Verwendung finden. Frische und höchste Qualität sind bei der Produktauswahl selbstverständlich. Vorlieben wie vegetarische, vegane, glutenfreie oder vollwertige Kost werden auf Wunsch gerne am Herd umgesetzt. Für eine süße Versuchung sollte man im Restaurant

AUSGEZEICHNETE
BAYERISCHE
KÜCHE

Mittelfranken
Schnelldorf

Anna immer zu haben sein, denn die hausgemachten Desserts sind eine Sünde wert: Das Sabayon-Eis mit Früchten der Saison oder die Stück für Stück handgemachten Pralinen schmelzen auf der Zunge. Themenwochen zu saisonalen Spezialitäten wie Spargel, Rhabarber oder Bärlauch bringen Abwechslung ins Menü. Auch Weinkenner werden mit der ansprechenden Auswahl mehr als zufrieden sein.

Für ausreichend Entspannung ist im Hotelbereich gesorgt: Ein Besuch in der Sauna verschafft neues Wohlbefinden. In der Kamin-Lounge mit dem Charme und der Anmutung einer Bibliothek kann man den Tag wunderbar ausklingen lassen. Gemütliche Sessel laden dazu ein, lustvoll in den bereitgestellten Büchern zu schmökern. Auch ein intimes, romantisches Dinner am Kamin kann jederzeit organisiert werden.

KONTAKT
Hotel Restaurant Anna
www.hr-anna.de
Gastgeberin: Hedwig Miller-Kneer
Am Birkenberg 1
91625 Schnelldorf
Telefon: 07950-800550

Schwaben

196
198, 200
202
204
206
208
210
212
214
216
218
220
222
224
226

Waldvogel

Mitten im Grünen liegt der Waldvogel, von Familie Ihle mit „grünem Herzblut" geführt. 1928 erfüllte sich Opa Georg seinen Traum, siedelte mit der ganzen Landwirtschaft in den nahen Wald um und eröffnete dort zusätzlich zu seiner Schweinezucht ein kleines Ausflugslokal. Dieses Miteinander von landwirtschaftlichem Betrieb und Gasthaus wird seither mit vollem Engagement gepflegt.

Zwanzig Hektar Ackerland, zwei Hektar Gemüse- und Salatanbau, ein Kräutergarten und eine Streuobstwiese mit eigenem Waldstück – das ist die landwirtschaftliche Seite des Waldvogels, die sich wunderbar mit dem Wirtshaus und dem 2015 umgebauten und neu eröffneten Hotel ergänzt. Was für die feine schwäbische Küche nicht selbst erzeugt werden kann, kommt von Herstellern aus der Region. Chefin Stefanie Ihle achtet auf höchste Qualität, alles mit 100 Prozent grünem Herzblut. Überhaupt geht man im Waldvogel den grünen Weg: Ein nachhaltiges Energiekonzept mit Photovoltaikanlage, Solarzellen und Hackschnitzelheizung – befeuert mit selbst angebautem Miscanthus-Elefantengras – sorgt für umweltverträgliche Eigenständigkeit.

AUSGEZEICHNETE
BAYERISCHE
KÜCHE

In der Gaststube und im Wintergarten, im „Hochzeitstadel"
und im Kastanienbiergarten wird der Ausflug in die Natur zum
Genuss. Die Küche steht für regionale Köstlichkeiten mit Rafi-
nesse: Traditionalisten freuen sich über eine echt schwäbische
Flädlesuppe, während ausgefallenere Geschmäcker mit der Pa-
prikacremesuppe mit Ingwer, schwarzen Backerbsen und Kar-
toffel-Bärlauchstangerl eine gute Wahl treffen. Als anerkannter
schwäbischer Kartoffelwirt räumt der Waldvogel der vielseitigen
Knolle natürlich einen besonderer Platz auf der Karte ein: Es
gibt sie als Spätzle, „Buabaspitzle", Salat und sogar Fladenbrot.
Jeden Freitag wird es zusammen
mit anderen Brotspezialitäten im
eigenen Holzofen gebacken. Die
frischen Laibe kann man auch im
kleinen Laden an der Rezeption
erstehen – genauso wie die hausgemachten Marmeladen, Senfkreatio-
nen, Liköre und vieles mehr.

KONTAKT
Landgasthof Waldvogel
www.wald-vogel.de
Gastgeberin: Stefanie Ihle
Grüner Weg 1
89340 Leipheim
Telefon: 08221-27970

UNBEDINGT DAS „BRAUER-
SCHNITZEL" PROBIEREN: DIE
TREBERKRUSTE STAMMT VOM
LETZTEN SUD DER RADBRAUEREI
IN GÜNZBURG.

GenussPur in den Bürgerstuben

Robert Neumaier, Gastgeber, Küchenmeister und Brauer aus Leidenschaft, hat seine Ziele von jeher hoch gesteckt: „Wir laufen keinen Trends hinterher, wir setzen selber welche!" Konsequent baute er auch seinen ursprünglichen kleinen Partyservice erst zu einem bekannten Cateringdienst und schließlich zum festen Restaurant GenussPur in den Bürgerstuben aus. Eine beeindruckende Entwicklung, bei der es nur eine Konstante gibt: die Qualität der Küche.

Aus der Region, für die Region – das ist dem Wirt ein großes Anliegen. Schon die erste Seite der Speisekarte ist allen heimischen Lieferanten von der Landkäserei bis zur Fischzucht gewidmet. Gekocht wird bodenständig schwäbisch mit dem ein oder anderen kleinen Ausflug über die Landesgrenzen hinaus. Der unverfälschte Geschmack und die wertvollen Inhaltsstoffe aller Zutaten bleiben in der Küche des GenussPur durch feines Abschmecken und schonende Zubereitung erhalten. So wird auch das Lieblingsgericht des Gastgebers zur wahren Gaumenfreude: „Roberts Schwabenschnitzel" gefüllt mit Schmand, Schinken, Schrannenkäse und frischen Kräutern. Die Apfel-

AUSGEZEICHNETE
BAYERISCHE
KÜCHE

Schwaben
Neu-Ulm / Reutti

Chili-Cremesuppe sollte man unbedingt probieren und natürlich darf auch „d'Leibspeise vom Schwoaba" nicht fehlen, Kässpätzle mit gerösteten Zwiebeln. Alle Voraussetzungen zum neuen Trend hat sicherlich die „Brotzeit to go": Brotzeitpakete kann man sich individuell für ein Picknick zusammenstellen oder in die Arbeit liefern lassen.

Im Frühjahr 2012 erfüllte sich Robert Neumaier mit seiner eigenen Brauerei einen langgehegten Traum. Seitdem steht der Wirt höchstpersönlich am Sudkessel und ist für so manche süffige Eigenkreation verantwortlich – alles selbstverständlich streng nach bayerischem Reinheitsgebot gebraut. Beim regelmäßig stattfindenden offenen Schaubrauen kann man das eine oder andere übers Bier lernen. Für Gruppen ab sechs Personen wird auch ein Brauseminar mit passendem Vier-Gänge-Menü angeboten.

KONTAKT
GenussPur in den Bürgerstuben
www.genusspur-catering.de
Gastgeber: Robert Neumaier
Schloßstraße 30
89233 Neu-Ulm / Reutti
Telefon: 0731-70535573

Hirsch

So frisch und neu herausgeputzt sich der Hirsch in Finningen präsentiert, kann er doch auf eine ansehnliche Geschichte zurückblicken: Ein Zehntstadel war ursprünglich in den alten Mauern untergebracht. Wie es noch bis ins 19. Jahrhundert hinein üblich war, wurde hier der Zehnt, die zehnprozentige Steuerabgabe in Form von Geld oder Naturalien, gelagert. 1854 begann die Karriere des Hauses als Schenke und Verpflegungsstation für herrschaftliche Jäger. Heute führt Johann Britsch sein idyllisch gelegenes Hotel mit Spitzenrestaurant als Familien-Betriebsgesellschaft mit 120 Mitarbeitern und Mitarbeiterinnen.

Geschäftsführer und Küchenchef Christian Epple bewegt sich in seinem Reich gekonnt zwischen regionalen Spezialitäten und internationalen Gaumenschmeichlern. Die absolute Frische aller verwendeten Produkte ist dabei Trumpf. Der Jahreszeit entsprechend werden wechselnde kulinarische Überraschungen zubereitet und auch im Wochenrhythmus sind bestimmte Köstlichkeiten „ihrem" Tag zugeordnet: Der Montag steht z.B. als Steak-Tag ganz im Zeichen des bayerischen Premiumfleisches. Bei schönem Wetter wird im Kastaniengarten jeden Donnerstag

AUSGEZEICHNETE
BAYERISCHE
KÜCHE

ein „American Barbecue" angeboten. Der absolute Renner ist aber der sonntägliche „Schlemmer-Brunch": Von der eigentlichen Frühstücksecke mit allem, was dazu gehört, geht es über delikate Vor- und Hauptspeisen bis hin zu süßen Dessertkreationen – da bleibt kein Wunsch offen. Rechtzeitige Reservierung ist zu empfehlen. Die beliebtesten Gerichte von der Karte gibt es seit Kurzem auch als „Hirsch to go" zum Mitnehmen.

„Nicht zu Hause und doch daheim": Das Motto des Landgasthofs wird auch im Hotel umgesetzt. Insgesamt 69 ruhige und urgemütliche Zimmer mit Vier-Sterne-Standard bieten eine moderne und multifunktionale Ausstattung. Für Entspannung sorgen der große Wellnessbereich mit zwei Saunen und „Hirsch's Bar", wo man sich je nach Gusto mit fruchtigen Cocktails und ausgesuchten Weinen verwöhnen lassen kann.

KONTAKT
Hirsch GmbH & Co. KG Hotel-Landgasthof
www.hirsch-nu.de
Gastgeber: Johann Britsch
u. Christian Epple
Dorfstraße 4
89233 Neu-Ulm / Finningen
Telefon: 0731-970744

IM BIERGARTEN UNBEDINGT
DIE „EASY RIDER"-PLATTE
PROBIEREN!

Autenrieder

Die historischen Mauern des ehemaligen Niederen Schlosses im Ichenhausener Stadtteil Autenried beherbergen seit einigen Jahren den Brauereigasthof samt Vier-Sterne-Wohlfühlhotel der Familie Feuchtmayr. Vor dem Einzug wurde das etwa fünfhundert Jahre alte herrschaftliche Gebäude liebevoll und barrierefrei restauriert und um einen schmucken Neubau erweitert – eine echte Rarität im schwäbischen Barockwinkel.

Das Herzstück von Gasthof und Hotel ist nach wie vor die Schlossbrauerei Autenried, die Tradition des Brauens reicht bis ins Jahr 1650 zurück. 16 Bierspezialitäten, dazu 15 alkoholfreie Erfrischungsgetränke und ein Mineralwasser kommen heute aus eigener Herstellung. Eine Besichtigung der Brauerei ist nach Voranmeldung unter der Woche möglich, gerne ergänzt um eine Bierprobe oder das „Bierkulinarium" mit passendem Vier-Gänge-Menü. Wahrscheinlich einzigartig ist das hier betriebene Kreislaufwirtschaftssystem: Brauerei, Mälzerei, Gasthof mit Hotel und Landwirtschaft werden verantwortungsvoll in eigener Regie geführt und sorgen im Zusammenspiel für eine quasi reststofffreie Produktion.

AUSGEZEICHNETE
BAYERISCHE
KÜCHE

Auch in der Küche des Brauereigasthofs finden sich die DLG-prämierten und mit Auszeichnungen beim European Beer Star gekrönten Erzeugnisse der Schlossbrauerei wieder. Von der Bierschaumsuppe geht es z.B. über das „beschwipste Wildschwein", das in Autenrieder Urtyp Dunkel mariniert wird, bis zur Lebkuchen-Mousse mit Sabayon vom Autenrieder Leohardibock. Sehr schmackhaft sind die Schweinefleischspezialitäten. Die Tiere werden in der eigenen Landwirtschaft artgerecht aufgezogen und von einem nahen Metzger geschlachtet. Durch das hochwertige Futter und die stressfreie Aufzucht ist das Spanferkel besonders zart.

Sollte der Spielplatz zur Unterhaltung nicht ausreichen, ist der Autenrieder Brauereigasthof nur zehn Kilometer vom Legoland in Günzburg entfernt. Erholung bieten das chemiefreie Meerwasser-Hallenschwimmbad und der Wohlfühlbereich mit Saunalandschaft.

KONTAKT
Autenrieder Brauereigasthof mit 4*
Wohlfühlhotel
www.brauereigasthof-autenried.de
Gastgeber: Familie Feuchtmayr
Hopfengartenweg 2
89335 Ichenhausen-Autenried
Telefon: 08223-968440

EIN BESUCH IM HAUSEIGENEN BRAUEREIMUSEUM ERGÄNZT DEN AUFENTHALT PERFEKT.

Goldener Stern

Lebendig, leidenschaftlich, liebenswert – dafür steht das Gasthaus Goldener Stern. Stefan Fuß hat das Haus von seinen Eltern übernommen und bei ihnen den Beruf des Wirts von der Pike auf gelernt. Nach Stationen in Edelrestaurants in München und England kocht er nun im eigenen Traditionsgasthaus und verwöhnt seine Gäste mit Delikatessen aus dem Wittelsbacher Land.

Der junge Küchenchef stützt seine Kunst auf zwei Säulen: Tradition und Innovation – seine Gerichte sind bayerisch und bodenständig, aber gleichzeitig modern und für einige wunderbare Überraschungen gut. Ausgewählte Spezialitäten erfreuen klassische Genießer ebenso wie experimentierfreudige Feinschmecker. Der Renner ist das „Oxenfleisch" vom Wittelsbacher Weiderind. Der Goldene Stern liegt im Bereich des altbayerischen „Oxenweges" und darf somit das zarte Fleisch der in der Region geborenen, aufgewachsenen und geschlachteten Tiere verarbeiten und servieren.

Fuß setzt auf kompromisslose Qualität und regionale Produkte. Die frische Zubereitung aller Speisen aus hochwertigen

Zutaten ist für ihn selbstverständlich, die Zusammenarbeit mit heimischen Erzeugern macht er gerne für seine Gäste transparent. All dies beherzigt er auch bei seinem Catering Service. Mit erst 21 Jahren hat er dieses zweite Standbein in den Betrieb seiner Eltern eingeführt und immer weiter ausgebaut. Das Team ist auch mal unterwegs bis nach Moskau, Rom oder Bukarest, um im Auftrag der Staatsregierung bayerische Köstlichkeiten zu servieren.

Ein Leitspruch des Goldenen Sterns lautet: „In kleinen Dingen groß sein." Das zeigt sich nicht nur bei der hervorragenden Kulinarik, sondern auch in der Ausstattung des Gasthauses. Mit viel Liebe zum Detail werden die Räume stilvoll dekoriert, die helle Holzvertäfelung vermittelt Eleganz und Gemütlichkeit gleichermaßen. Im Sommer lädt der große Garten zum Verweilen ein.

KONTAKT
Gasthaus Goldener Stern
www.gasthaus-goldenerstern.de
Gastgeber: Stefan Fuß
Dorfstraße 1
86316 Rohrbach
Telefon: 08208-407

EIN GEHEIMTIPP IST DAS
ROHRBACHER SALATDRESSING:
AUCH ZUM MITNEHMEN FÜR
ZU HAUSE!

Kühners Landhaus

Das ganze Jahr über wird in Kühners Landhaus im schwäbischen Kissing höchste Steak-Kultur mit Dry-Aged-Beef von Tieren aus dem Wittelsbacher Land gepflegt. Eine Delikatesse mit Blick auf dem heimischen Kulturraum und nachhaltigem Wirtschaften: Die Rinder kommen aus der unmittelbaren Umgebung, die Wege sind kurz und das Fleisch wird dank artgerechter Aufzucht und spezieller Reifeprozesse zum besonders zarten Gaumenschmaus.

Gastgeber Andreas Kühner betreibt sein Restaurant ausnahmslos mit hoher lokaler Verbundenheit, heimische Produkte sind für den jungen Küchenchef das Salz in der Suppe. Er und sein Team verstehen sich als Botschafter des guten Geschmacks und der regionalen Qualität und die im Landhaus gepflegte Kochkultur unterstreicht diesen Anspruch jeden Tag aufs Neue. Der Paartal-Saibling auf Zitronen-Tomatenbutter stammt aus der ortsansässigen Zucht, die Hopfensprossen zum großen Landhaussalat kommen aus der Hallertau, schussfrisches Wild für die herbstlichen Variationen aus umliegenden Wäldern. Der effiziente und nachhaltige Umgang mit allen Rohstoffen und

AUSGEZEICHNETE
BAYERISCHE
KÜCHE

Schwaben
Kissing

der bei ihrer Zubereitung verbrauchten Energie stehen im Fokus – gekocht wird mit Öko-Strom. Die Speisekarte ist ein klares Bekenntnis zur Region und zur jeweiligen Jahreszeit. Jung und kreativ werden die bayerische-schwäbischen Spezialitäten präsentiert und alte Rezepte gekonnt aufgefrischt. Von September bis Januar erfreut sich die ganze Gans, vom Chef höchstpersönlich am Tisch tranchiert, großer Beliebtheit.

Die Gaststube schafft mit warmem Holz, vielen behaglichen Nischen und modernen Akzenten eine angenehme Atmosphäre, in der man gern auch länger verweilt. Der lichtdurchflutete Wintergarten ist rund ums Jahr ideal für kleinere Feiern. Bei Sonnenschein zieht es die Gäste auf die schöne Terrasse, die überdacht auch abends noch zum ausgedehnten Dinner lädt – begleitet von den edlen Tropfen der kreativ zusammengestellten Weinkarte.

KONTAKT
Kühners Landhaus
www.kuehners-landhaus.de
Gastgeber: Andreas Kühner
Gewerbering 3
86438 Kissing
Telefon: 08233-20005

DER HAUSEIGENE CATERING-SERVICE LÄSST BEI FEIERN UND VERANSTALTUNGEN ALLER ART KULINARISCH DIE HERZEN HÖHER SCHLAGEN.

Resi's Jägerhaus

Resi's Jägerhaus ist ein unkompliziertes, kleines, aber feines Restaurant, das man im Radl-Dress ebenso aufsuchen kann wie mit dem Kinderwagen – oder abends zu einem liebevoll zelebrierten Candle-Light-Dinner im edleren Zwirn. Das in freundlichem Gelb gestrichene ehemalige Jägerhaus liegt ausgesprochen idyllisch im Naherholungsgebiet von Königsbrunn. Es ist umgeben von Reiterhöfen, Badeseen und vielen wunderschönen Wanderwegen entlang des Lechs.

Am schönsten ist der Besuch in Resi's Jägerhaus natürlich im Sommer, wenn alles in der Umgebung grünt und blüht. Man sitzt mit einer kühlen Erfirschung auf der kleinen Terrasse oder im Biergarten im Schatten der Bäume, während die Kinder auf dem Spielplatz herumtollen. Die Wirtsleute haben aber auch an ihre vierbeinigen und sogar an die zweirädrigen Gäste gedacht: Vor dem Haus gibt es nicht nur einen Hunderastplatz und eine Pferdetränke, sondern auch eine Ladestation für E-Bikes.

Auch auf der Speisekarte findet sich für jeden Geschmack etwas. Eine große Auswahl von klassischen Fleischgerichten, zu denen auch „Resi's Jägerhausschnitzel", der Schwäbische

AUSGEZEICHNETE
BAYERISCHE
KÜCHE

Schwaben
Königsbrunn

Rostbraten und das regional inspirierte „Schlemmertöpfle", überbackenes Schweinefilet mit Spätzle und Champignonsoße, gehören, erfreuen den Gaumen ebenso wie vegetarische und zahlreiche vegane Köstlichkeiten: Die „Labertaschen", hausgemachte Nudeln mit einer feinen Steinpilzfüllung, möchten probiert werden. Vor allem aber besticht die abwechslungsreiche Küche mit saisonalen Angeboten wie den Grillabenden rund um den original amerikanischen Smoker im Sommer und den „Fonduewelten" im Winter. Selbstverständlich gibt es auch Spezialitäten in der Spargel- oder Wildsaison.

Wem das alles noch nicht reicht, der kann gleich das ganze Jägerhaus mit der Gaststube für bis zu 65 Personen reservieren und sich bei einer privaten Feier von der Wirtin und ihrem freundlichen Team rundum verwöhnen lassen.

KONTAKT
Resi's Jägerhaus
www.resis-jägerhaus.de
Gastgeberin: Maria Theresia Bayrle
Fohlenhofstraße 46
86343 Königsbrunn
Telefon: 08231-5409

JEDEN SONNTAG GIBT ES OFENFRISCHE SPARERIBS MIT BARBECUESOSSE.

Laupheimer

Der Gasthof Laupheimer steht auf historischem Boden: Das Anwesen in Westerheim-Günz beherbergte schon im Jahr 1413 eine urkundlich erwähnte Taverne. Zwei Jahrhunderte lang ein Lehen des Frauenkonvents Klosterbeuren, ging das Haus nach der Säkularisation in private Hände über. Seit 1888 bwirtschaftet Familie Laupheimer ihren Gasthof samt Hotel und eigener Landwirtschaft nun schon in fünfter Generation.

Mit dieser starken Tradition von über 120 Jahren Geselligkeit, Einkehr und Gastfreundschaft im Rücken lebt und liebt der Familienbetrieb die bayerische Kochtradition. Küchenmeister Martin Laupheimer verwöhnt seine Gäste mit ausgesuchten Köstlichkeiten auf hohem Niveau. Traditionelle Schmankerl und kreative Gerichte aus fangfrischem Fisch, Fleisch und Wild direkt aus der Region machen das Wirtshaus zu einem bekannten und beliebten Treffpunkt für qualitätsbewusste Genießer. Besonders zu empfehlen sind die Spezialitäten vom Allgäuer Weiderind z.B. als Vorspeisen-Carpaccio mit Limonensauce, Champignons und Käse, als zarter Sauerbraten oder Lendensteak. Traditionell im Kupfertopf serviert wird die gekochte Rinderhochrippe mit

AUSGEZEICHNETE
BAYERISCHE
KÜCHE

Meerrettichsauce und Salzkartoffeln. Herzhafte Brotzeiten und verführerische Desserts runden die Speisekarte ab.

Ebenso stilvoll wie traditionell speist man in der holzvertäfelten Gaststube, an die ehemalige Brauerei erinnert noch das „Bräustüble" mit seinem imposanten Kreuzgewölbe. Hinzu kommen das „Herrenzimmer", der große Festsaal und der „Feststadl", die alle für private Feiern, Betriebsfeste und Tagungen angemietet werden können. Im Sommer findet sich im beliebten Biergarten unter alten Kastanienbäumen immer ein schattiges Plätzchen. Wie viel Wert beim Laupheimer auf Geselligkeit und herzliche Gastlichkeit gelegt wird, merkt man nicht nur der Küche, sondern auch dem freundlichen und kompetenten Service an. Für Übernachtungsgäste stehen neun moderne, komfortabel ausgestattete Hotelzimmer zur geruhsamen Nacht bereit.

KONTAKT
Brauerei-Gasthof-Hotel Laupheimer
www.laupheimer.de
Gastgeber: Martin Laupheimer
Dorfstraße 19
87784 Westerheim-Günz
Telefon: 08336-7663

JAHRESZEITENKÜCHE: IM SOMMER DEN OFENFRISCHEN KRUSTENBRATEN UND IM HERBST LAUPHEIMER'S ENTE PROBIEREN!

Zum Adler

Die Freude am Kochen, die Achtsamkeit für die Qualität und die Herkunft von Lebensmitteln sowie viele Tricks und Kniffe für den professionellen Umgang mit ihnen teilt Reinhard Schiefele, Chef und Küchenmeister im Landgasthof Zum Adler, gern mit seinen Gästen. Seine Kochkurse mit Themen wie „Frühlingshaft lecker", „Das perfekte Steak" oder „Saucen, Saucen, nochmals Saucen" erfreuen sich großer Beliebtheit. Vor allem der Grillkurs ist meist schon Monate im Voraus ausgebucht.

Schiefele ist nicht nur Koch aus Leidenschaft, sondern auch Metzgermeister. Er weiß ganz genau, wo er Fleisch und Wurst von höchster Qualität beziehen kann, und arbeitet konsequenterweise nur mit den besten Metzgereien der Umgebung zusammen. Überhaupt liegt ihm die Förderung heimischer Erzeuger sehr am Herzen. Sein Gasthof gehört zu den Betrieben der „LandZunge", dem „Pakt für den guten Geschmack". Dieses starke Netzwerk aus Erzeugern, Lieferanten und Gastronomen aus der Region Allgäu-Oberschwaben setzt sich für die Verwendung von heimischen Produkten ein und schafft die dafür

AUSGEZEICHNETE
BAYERISCHE
KÜCHE

notwendigen Kontakte. Ziel ist eine bestmögliche, frische Regionalküche.

Die Speisekarte im Adler wechselt alle vier Wochen und bietet bekannte schwäbische Rezepte in moderner Interpretation und den ein oder anderen Ausflug in die Weltküche – asiatisch, afrikanisch und immer wieder mediterran: Saltimbocca vom Allgäuer Vollmilchkalb mit grünem Spargel und Kartoffel-Bärlauchstrudel läutet z.B. den Frühling kulinarisch ein. Brotzeiten und kleine Schmankerl wie Kässpätzle und Maultaschen schmecken in den drei Gaststuben ebenso gut wie im schönen Kastanienbiergarten. Ein Highlight ist im Adler die „Küchenparty", bei der man dem Kochteam während der Zubereitung der zahlreichen Menü-Gänge über die Schulter schauen und auch direkt aus dem Topf probieren darf. Ebenso beliebt ist der Party- und Cateringservice.

KONTAKT
Landgasthof Zum Adler
www.landgasthof-zum-adler.de
Gastgeber: Reinhard Schiefele
Memminger Straße 5
87748 Fellheim
Telefon: 08335-260

DAS HAUSGEMACHTE SALATDRESSING KANN MAN AUCH VOR ORT KAUFEN.

Engelkeller

Das Vier-Sterne-Hotel und Restaurant Engelkeller im Herzen von Memmingen erstrahlt seit 2009 in frischem Glanz. Das Haus wurde auf den historischen Grundmauern mit viel Gespür für die Verbindung von traditioneller Gastlichkeit und zeitgemäßem Ambiente neu und ansprechend erbaut. Im Restaurant kommt dies besonders zur Geltung: Hochwertiges Holz vermittelt Wärme und Gemütlichkeit, während großzügige Fensterfronten Licht, Luft und Eleganz bringen. Stilvolles Mobiliar und moderne Beleuchtung unterstreichen den Stil: ein schöner Rahmen für den kulinarischen Hochgenuss.

Küchenmeister Martin Laupheimer verleiht der gehobenen Jahreszeiten-Küche seine gekonnte Signatur. Die Speisekarte ist regional geprägt und lockt mit ebenso leichten wie kreativen Fleisch- und Fischgerichten. Hinzu kommen herzhafte Allgäuer Klassiker wie der Zwiebelrostbraten und die echt schwäbischen Käsespätzle. Vegetarischen Genuss versprechen z.B. die Kräuterpfannkuchen oder die veganen Orecchiette-Nudeln mit Kirschtomaten. Saisonale Dessert-Empfehlungen à la Rhabarber-Tiramisu „nach Art des Hauses" sind eine Sünde wert.

AUSGEZEICHNETE BAYERISCHE KÜCHE

Schwaben
Memmingen

Nur beste Produkte finden am Herd Verwendung. Fisch, Wild und Fleisch stammen direkt aus der Region. Kompromisslose Qualität und Frische sind im Engelkeller die Grundlage für die hochwertige Gastronomie, abgerundet durch eine ausgesuchte Weinauswahl.

Im Sommer ist der schöne Biergarten besonders beliebt. Im Schatten alter Kastanienbäume kann man wunderbar die Seele baumeln lassen und gesellige Stunden verbringen. Der großzügige Wintergarten empfiehlt sich für Feiern in größerer Runde. Die Hotelbar wird abends zum Treffpunkt für so manches Feierabendbier in entspannter Atmosphäre. Die 25 großzügigen und modernen Doppel- und Einzelzimmer des zentral gelegenen Stadthotels (z.T. behindertengerecht) sind komfortabel und mit Blick aufs Detail ausgestattet.

KONTAKT
Engelkeller Hotel & Restaurant
www.engelkeller.de
Gastgeberin: Anna Laupheimer
Königsgraben 9
87700 Memmingen
Telefon: 08331-9844490

UNBEDINGT PROBIEREN: DER „ENGEL SPRITZ" IST EINE ERFRISCHENDE KOMPOSITION AUS PFIRSICHNEKTAR, AUFGEGOSSEN MIT LAUPHEIMER SEKT CUVÉE.

Hirsch

Von der Terrasse des Hirschs in Ottobeuren aus fällt der Blick auf die 764 gegründete Benediktinerabtei mit dem monumentalen Barockbau der Basilika St. Alexander und St. Theodor. Doch die Räumlichkeiten des Hotels mit Restaurant sind kaum weniger geschichtsträchtig. Die Anlage geht auf einen Reichshof der fränkischen Kaiser im 13. Jahrhundert zurück. Lange Jahre war ein Hotel- und Gastronomiebetrieb im Hof untergebracht, bevor der Bau in den 1990er Jahren leer stand.

Bernd Hafenrichter, Chef des Hauses, führt sein Team mit einer anspruchsvollen Philosophie: Altes bewahren und mit Neuem verbinden – die lange Tradition des Hirschen soll auch in der zeitgemäßen Führung spürbar bleiben. Auf die Küche bezogen nennt er diese Philosophie „feinbürgerlich". Nur das Beste, was die Region an Produkten zu bieten hat, schafft es in die Töpfe und Pfannen des Küchenmeisters. Heraus kommen Allgäuer Spezialitäten, aber auch Feines aus der Weltküche und raffinierte, leichte Gerichte. Etwas Besonderes ist der „Leibspeisen-Sonntag", wenn die Karte „Aus Omas Kochbuch" heißt. Ebenso besonders ist auch das Bier der hauseigenen Brauerei, je

216

AUSGEZEICHNETE
BAYERISCHE
KÜCHE

Schwaben
Ottobeuren

nach Saison werden bis zu sechs verschiedene Sorten Ottobeurer Bier im Sudkessel angesetzt. Für Interessierte gibt es Führungen, Brauereiseminare und Degustationen unter der fachlichen Anleitung des Braumeisters. Der eiweißreiche Treber, ein Überbleibsel des ausgelaugten Malzes in der Bierherstellung, findet sich im selbstgebackenen Brot des Gasthauses wieder.

Seit 2009 residiert das Hotel Hirsch mit Gasthof und Brauerei nach standesgemäßen Um- und Neubauten in den historisch bedeutsamen Mauern. In den verschiedenen gastlichen Stuben wird je nach Gusto herrschaftlich getafelt oder traditionell bürgerlich genossen. Für Feierlichkeiten im großen Rahmen steht der „Hirschsaal" bereit, dazu kommen moderne Zimmer und Suiten für einen angenehmen Aufenthalt im Geburtsort des bekannten Naturheilkundlers und Pfarrers Sebastian Kneipp.

KONTAKT
AKZENT Brauerei Hotel Hirsch
www.hirsch-ottobeuren.de
Gastgeber: Bernd Hafenrichter
Marktplatz 12
87724 Ottobeuren
Telefon: 08332-796770

Bayerischer Hof Kempten

Die lange Tradition und Geschichte des Hotels Bayerischer Hof in Kempten ist heute noch spürbar und vor allem sichtbar: Teile der alten Bausubstanz des bis ins Jahr 1472 zurückreichenden Hauses wurden im Zuge des Umbaus 2005 sorgfältig restauriert. Beeindruckend sind die Originalholzdecken in der „Roßmarktstube" und im „Allgäu Stüberl". Am Rande der Altstadt, direkt an der Illerbrücke lädt heute Familie Nägele mit landestypischer Gastfreundlichkeit und Herzlichkeit in ihr Haus ein.

Küchenmeister Sigmund Kerscher beherrscht die perfekte Zubereitung eines traditionellen Gerichtes ebenso wie die hohe Kunst eines feinen, mehrgängigen Menüs. Das Restaurant zählt nicht von ungefähr zu den besten in ganz Bayern. Die Zutaten stammen aus der Region und begeistern zu schmackhaften Speisen verarbeitet alle Liebhaber der bayerischen Klassiker. Der ofenfrische Schweinebraten an Dunkelbiersoße mundet ebenso wie der Allgäuer Zwiebelrostbraten mit hausgemachten Kässpätzle. Dazu finden auch Vegetarier und Veganer ihr Lieblingsgericht auf der Karte. Ein kulinarischer Veranstaltungska-

AUSGEZEICHNETE
BAYERISCHE
KÜCHE

lender gibt einen Überblick über saisonale Spezialitäten und besondere Dinner-Abende wie das herbstliche Whisky-Seminar mit passender Menü-Begleitung.

Das luxuriöse Vier-Sterne-Hotel verfügt über fünfzig behaglich eingerichtete Zimmer und Suiten, in denen auch schon einige prominente Zeitgenossen genächtigt haben: Die Musiker Chris de Burgh, Rea Garvey oder Xavier Naidoo haben sich u.a. schon im Gästebuch verewigt. Im angrenzenden Park wartet die Gartenwirtschaft inmitten von uralten Blutbuchen auf einen sommerlichen Besuch. Am Springbrunnen oder unter den Arkaden kann man die Seele wunderbar beim Genuss eines kühlen Biers baumeln lassen: Die naturbelassenen, ungefilterten Spezialitäten kommen aus der Brauerei Falkenstein in Pfronten, die exklusiv für den Bayerischen Hof in Kempten braut.

KONTAKT
Hotel Bayerischer Hof Kempten
www.bayerischerhof-kempten.de
Gastgeber: Cornel Nägele
Füssener Straße 96
87437 Kempten
Telefon: 0831-57180

IM BAYERISCHEN HOF KANN MAN AUCH EINE RUM- UND WHISKEY-VERKOSTUNG, EIN GIN-SEMINAR ODER EIN „DINNER IN THE DARK" ERLEBEN.

Post

Der Brauerei-Gasthof in Nesselwang hat eine Spezialität zu bieten: Bier aus der familieneigenen Brauerei. Über einen Onlineshop können Liebhaber des „flüssigen Golds" aus Deutschland und dem benachbarten Ausland die Erzeugnisse beziehen. Wer im Umkreis von ca. hundert Kilometern, wie z.B. in München oder Augsburg, zuhause ist, findet die Biere auch im ausgesuchten Lebensmittelhandel oder in profilierten Getränkemärkten. Den besten Überblick über die süffigen Köstlichkeiten gibt es im Traditionshaus der Familie Meyer im idyllischen Allgäu.

Küchenchefin Hilde Straubinger steht für allgäuisch-bayerische Schmankerl und nur das „Beste aus Sudhaus, Küche und Keller" kommt auf den Tisch. Kochen mit Bier ist das Thema: Der ofenfrische Schweinsbraten und die „PWD-Haxe", die beide während der Zubereitung fleißig mit Nesselwanger Dunkel übergossen werden, zählen zu den beliebtesten Gerichten. Aber auch das „Nesselwanger Biergulasch" vom Allgäuer Weiderind, das langsam im Nesselwanger Weizen geschmort wird, erfreut den Genießer. Hotelgäste werden beim Frühstücksbuffet mit süßem Bier-Gelee überrascht.

AUSGEZEICHNETE
BAYERISCHE
KÜCHE

Schwaben
Nesselwang

Neben Klassikern wie Nesselwanger Gold oder Bockbier brauen die Töchter des Hauses, beide Braumeisterinnen und Bier-Sommelières, in ihrer Brau-Manufactur-Allgaeu auch ganz besondere Edel- bzw. Craft-Biere. Das Hopfen Royal mit Tettnanger Aromahopfen vom Gut Georg Bentele, Reinzuchthefe aus Freising-Weihenstephan und Nesselwanger Bergquellwasser überzeugt den anspruchsvollen Bierfreund. Geschmackliche Feuerwerke aus dem Sudkessel wie das Liberalitas Bavariae oder das Braukatz No. 1 Pale Ale sollten unbedingt verkostet werden. Nach dem reichhaltigen Essen schließen gebrannte Bierspezialitäten den Magen: Nesselwanger Hopfengeist, Laudatio edler Bierbrand oder Rumpelstilzchen Bierlikör.

Ein echtes Prachtstück ist das Brauereimuseum im urigen Gewölbekeller, das auch für betriebliche oder familiäre Feierlichkeiten gebucht werden kann.

KONTAKT
Brauerei-Gasthof Hotel Post
www.hotel-post-nesselwang.de
Gastgeber: Familie Karl Meyer
Hauptstraße 25
87484 Nesselwang
Telefon: 08361-30910

JEDEN SAMSTAG UM 11.00 UHR ODER NACH VEREINBARUNG: BRAUEREIBESICHTIGUNGEN FÜR INTERESSIERTE GÄSTE.

Steiger

Das Hotel Steiger in Schwangau hat eine wahrhaft königliche Lage. Am Fuße der Allgäuer Alpen trennen den Gasthof nur wenige Kilometer vom wohl berühmtesten Bauwerk des bayerischen „Märchenkönigs" Ludwig II., dem Schloss Neuschwanstein. Auch Schloss Hohenschwangau und das gotische Hohe Schloss zu Füssen befinden sich in unmittelbarer Nähe. Übertroffen werden die hochherrschaftlichen Bauten in Blickweite allerdings noch vom atemberaubenden Bergpanorama.

Schon zu einem Zeitpunkt, als Bio für viele noch ein Fremdwort war, legte man in der Küche des Steigers Wert auf die umweltfreundliche Erzeugung und regionale Herkunft aller Zutaten. Der Verzicht auf Zusatzstoffe und Geschmacksverstärker versteht sich nach wie vor von selbst. Für den intensiven Geschmack der Gerichte greift Küchenmeister Timo Steiger auf alpenländische Kräuter zurück, die er im eigenen Garten zieht. Als „Allgäuer Wildkräuterführer" zertifiziert, darf sich auch der von ihm und seiner Frau geführte Betrieb mit dem Titel „Kräuterhotel und Kräuterrestaurant" schmücken. Auf der Karte begegnet man den würzigen Gewächsen z.B. an den Kräuterpfannkuchen

AUSGEZEICHNETE BAYERISCHE KÜCHE

oder den hausgemachten, mit Almblüten- und Bergkäse, Spinat und getrockneten Tomaten gefüllten Maultaschen auf Kerbelsoße und Kräutersalat – ein beliebter Dauerbrenner. Allgäuischdeftig soll es sein, aber immer mit Pfiff. Süße Versuchungen wie der lauwarm servierte Schokoladen-Chilikuchen mit Himbeer-Minzsorbet hätten wahrscheinlich auch König Ludwig II. ins Schwärmen gebracht.

Getafelt wird im Steiger in den gemütlichen Stuben, im schönen Wintergarten oder auf der sonnenverwöhnten Terrasse. Wer einen längeren Ausflug plant, ist in einem der 15 Zimmer des Hotels gut aufgehoben. Eine Besonderheit ist die hoteleigene Praxis für Physiotherapie, die zum Wellnessbereich gehört. Nach wohltuenden Massagen oder Kuranwendungen mit Naturmoorbädern schläft es sich in den behaglichen Gästezimmern besonders entspannt.

KONTAKT
Hotel Steiger
www.hotelsteiger.de
Gastgeber: Klaus u. Maria Steiger
Frauenbergstraße 52b
87645 Schwangau
Telefon: 08362-81067

KÜCHENCHEF TIMO STEIGER HAT DIE TORTE „CAPUCCINO-APRIKOSE" EIGENS FÜR SEIN HAUS KREIERT.

Löwen

A m Fuße des Grünten, auch „Wächter des Allgäus" genannt, liegt der Gasthof Löwen im Zentrum von Burgberg, direkt am malerischen Dorfplatz. Wanderer finden hier ebenso den schnellen Einstieg in die Bergtour wie Radfahrer eine schöne Strecke entlang der Iller, der Ostrach oder der Starzlach. Winters kommen Skifahrer voll auf ihre Kosten: Die bekannte Weltcup-Abfahrt in Ofterschwang ist u.a. schnell zu erreichen, während für Langläufer keine fünf Gehminuten entfernt das über acht Kilometer lange Loipennetz beginnt.

Nicht nur Touristen und Bergsportler verbringen einen angenehmen Aufenthalt im Löwen, auch Einheimische fühlen sich in der „Bauernstube" und im Restaurant wohl, was sicher auch der ausgiebig gepflegten Tradition des bayerischen Stammtischs zu verdanken ist. Eine Mischung aus heimischen und internationalen Spezialitäten prägt die Speisekarte. Allgäuer Leibspeisen und kreative Menüs bieten kulinarischen Genuss auf hohem Niveau – Kurzgebratenes ebenso wie Dampfgegartes, Deftiges aus der Bratröhre oder doch lieber Vegetarisches schmeicheln jedem Gaumen. Beliebt sind die feinen „Löwen Schmankerl"

AUSGEZEICHNETE
BAYERISCHE
KÜCHE

Schwaben
Burgberg

wie der Lammbraten mit Thymiansoße, Speckbohnen und Kartoffelrösti, die geschmorten Kalbsbacken in Rotweinsauce mit Kartoffelrahmpüree oder das „Allgäuer Voressen", sauer eingemachte Kutteln, die mit Semmelknödeln serviert werden. Frische Zutaten aus der Region sorgen für den unverwechselbaren und intensiven Geschmack.

Die Räume des Löwen sind rustikal eingerichtet. Zum Sommersonnenschein schmecken Kaffee und hausgemachter Apfelstrudel, Eisbecher oder frisch Gezapftes zur deftigen Brotzeit auf der Terrasse. Auch für größere Feiern ist Platz: Im schönen Festsaal garantiert das eingespielte Löwen-Team mit bewährtem Service ein unvergessliches Fest. Für Übernachtungsgäste stehen sieben gemütliche Zimmer bereit. Der nächste Morgen beginnt dann auf die beste Art mit einem reichhaltigen Frühstücksbuffet.

KONTAKT
Gasthof Löwen
www.loewen-burgberg.de
Gastgeber: Sigmund Zawadzki
Grüntenstraße 1
87545 Burgberg
Telefon: 08321-805447

SPEZIALITÄT DES HAUSES:
DER HIRSCHBRATEN MIT
HOLUNDER-CASSIS-SOSSE,
THYMIANSPÄTZLE UND
APFELROTKOHL.

Gaisbock

In Fischen im Allgäu gibt es seit 2012 eine neue Adresse für Genießer und Urlauber, die in der wunderbaren Bergregion sportliche Herausforderungen oder eine Auszeit vom Alltag suchen: das Gasthaus Gaisbock mit Hotel und Ferienwohnungen. In Sichtweite des Alpenhauptkamms hat sich der junge Betrieb innerhalb kürzester Zeit dank hervorragender Küche und bestem Service etabliert. Wanderer, Bergsteiger, Mountainbiker und Skifahrer wissen die gute Lage zu schätzen.

Im Gaisbock wird Erlebnisgastronomie geboten. Wer den Meistern am Herd über die Schulter schauen möchte, darf das in der offenen Show-Küche gerne tun. Das Team rund um Küchenchef Ronny Hänchen beantwortet Fragen, freut sich über Lob und hat immer ein offenes Ohr für eventuelle Sonderwünsche. Das Speisenangebot zeigt stolz seine historischen Wurzeln und kombiniert die traditionellen Schmankerl mit modernen Elementen. Alte, nostalgisch geliebte Rezepte – teils noch aus den Kochbüchern der Oma – erleben so im Gaisbock ihre kreative Renaissance. Dabei darf es durchaus deftig zugehen: Die Allgäuer Bergkäsesuppe – mit Kirschwasser abgeschmeckt – ist

z.B. einer der herzhaften, delikaten Starter. Weiter geht's mit dem „Wilden Bullen", einem Rindersteak vom Grill mit Bärlauchsoße, oder dem „Allgäuer Dreierlei", Ravioli in Nussbutter, Gemüse-Kartoffel-Strudel und Bergkäseknödel. Neben dem regulären Angebot sorgen saisonale Empfehlungen für Abwechslung. Für den kleineren Hunger oder einen geselligen Abend gibt es Brotzeiten für jeden Geschmack.

„Modernes trifft auf Uriges" – im Gaisbock wird dieses Hausmotto nicht nur in der Küche, sondern auch in der Gaststube perfekt umgesetzt. Offen gelegtes Mauerwerk und urige Holzbalken unter der Decke vertragen sich ausgesprochen gut mit der liebevoll gestalteten, aktuellen Dekoration. Die gemütlichen Zimmer garantieren erholsame Nächte. Für einen längeren Aufenthalt im schönen Oberallgäu bieten sich die komfortablen Ferienwohnungen an.

KONTAKT
Gaisbock – das Bockige Wirtshaus
www.gaisbock.com
Gastgeber: Georg Kleber u. Anton Schöll
Hauptstraße 11
87538 Fischen im Allgäu
Telefon: 08326-2569320

Ortsregister

Ortsregister